Due Tesi
Due Universi

Massimo Rigamonti

Due Tesi Due Universi

Codice ISBN: 979-8854062855

DEDICA

*Dedico queste mie tesi alle
dimensioni,
esistenti e non esistenti, scoperte od
ignote,
temporali, materiali, psichiche,
spirituali,
fisiche, terrene, universali,
multiversali,
emozionali, emotive, infinite, veritiere
o false,
facenti parte tutte del tutto,
facenti parte dei pensieri non ancora
pensati.
Ma soprattutto le dedico a chi mi ama
e a chi amo.
MassimoR*

CONTENUTI

PREFAZIONE

<u>Tesi</u> (dal vocabolario Treccani): Proposizione di argomento filosofico, teologico, scientifico, o attinente a un problema di critica letteraria o artistica, che si enuncia e si discute per dimostrarne la verità contro altre proposizioni contrarie.

Nelle pagine seguenti mi viene detto che ci sono due tesi, cioè due proposizioni che sono enunciate e discusse per dimostrarne la verità.

Ma cos'è la verità?
<u>Verità</u> (dal Vocabolario Treccani): Carattere di ciò che è vero, conformità o coerenza a principi dati o a una realtà obiettiva

Ma cos'è la realtà?
<u>Realtà</u> (dal Vocabolario Treccani): Qualità e condizione di ciò che esiste effettivamente e concretamente.

Ma cosa significa esistere?
<u>Esistere</u> (dal Vocabolario Treccani): Essere nella realtà

Mi viene detto inoltre che il titolo cita anche due universi.

Ma cos'è l'universo?
<u>Universo</u> (dal vocabolario Treccani): Universo In astronomia, l'insieme dei corpi celesti (pianeti, stelle, galassie, polveri e gas diffusi) che circonda la Terra.

Ma due universi?
Se esiste il plurale di universo allora significa che due universi esistono nella realtà. Cioè sono veri.

Ma come sono due insiemi di corpi celesti che circondano la terra? Come fanno ad esistere contemporaneamente? Non sono la stessa cosa? Non occupano lo stesso spazio? Oppure sono differenti?

Comincio ad essere confuso ed a faticare di affidarmi ai vocabolari ed alle definizioni della logica che ogni giorno mi viene insegnata e ricordata.
Forse le parole esprimono in linea di massima qualcosa di imperfetto per definire qualcosa che si avvicina ad essere reale?

Mi sento confuso ed indefinito. Mi sento come se la materia non fosse materia ma fosse costituita da particelle microscopiche dove fra esse ci fossero solo enormi spazi di vuoto proporzionalmente abissali e queste particelle fossero a loro volta ulteriormente divisibili e tenute insieme da forze attrattive quasi sconosciute.

Mi vengono le vertigini quando penso che forse io sono questo e che tutto ciò che c'è è fatto di questo.

Magari me la cavo definendo che tutto è energia e quindi taglio la testa al toro.

Ma cos'è l'energia? Se leggo nel vocabolario so quando la definizione inizia ma non riesco a vedere quando finisce.
Probabilmente è difficile conferirgli un limite o spiegarla in un solo concetto.

Aiuto, la mia confusione si sta trasformando ormai in pura disperazione e paura. In effetti ho paura perché nulla può essere definito con certezza, neanche le parole stesse che compongono e sottendono questa spiegazione di prefazione.

Accidenti! (questa dovrebbe essere un'esclamazione di costernazione) mi ritrovo a parlare in modo indefinito dell'indefinito ed allora, come posso parlarne e farlo capire?

Penso ci sia solo una soluzione da adottare e cioè rimanere nell'indefinito ed andare a leggere le pagine che compongono questo libro.
Ma cos'è un libro?

3

1 TESI – IPNOSI REGRESSIVA ALLE VITE PRECEDENTI (MASTER VARESE 2021)

Indice degli argomenti:
- Premessa
- Parte introduttiva della Tesi ed intento principale
- Primo punto – esperienze avute durante il Master
- Secondo punto – Il Calderone di Gundestrup
- Aspetti conclusivi relativi alla Tesi

<u>Premessa</u>

Prima di esporre l'argomento della Tesi, premetto che desideravo da molto tempo intraprendere uno studio delle metodiche all'ipnosi.

Ebbi informazione di questo tema negli anni '70, mentre stavo imparando Yoga con il maestro Carlo Patrian, però per una serie di circostanze non riuscii ad approfondire l'argomento come avrei voluto.

Adesso, dopo 40 anni di vita, ho finalmente partecipato e seguito l'edizione di Ottobre - Novembre 2021 del corso Master di ipnosi regressiva alle vite precedenti ed ho scoperto la vasta potenzialità posseduta dall'ipnosi.

Ora quindi posso finalmente considerarla una nuova mia conoscenza che potrò esercitare per l'esperienza di benessere dell'anima.

Condivido pienamente il fatto che il metodo imparato è indirizzato solo alla scoperta dell'ipnosi alle vite precedenti e non ad una terapia psicologica, per la quale invece esistono medici professionalmente ed appositamente preparati.

Con questa intenzione quindi voglio dare seguito alla mia Tesi, esprimendomi come un semplice tecnico che offre supporto a chi ha il piacere di sentire il ricordo di una vita passata.

<u>Parte introduttiva della Tesi ed intento principale</u>

Di seguito riporto un breve stralcio di pensieri che qualche anno fa avevo trascritto su un quaderno e che erano ancora vergini ed inconsapevoli degli argomenti trattati nel Master di ipnosi a cui ho partecipato nel 2021.

Possono sembrare non pertinenti all'ipnosi, ma servono come aiuto per introdurre concetti di cui andrò a parlare nel corso della mia trattazione.

Dal Quaderno:

Io sono più delle mie sensazioni, di quello che chiamo vita reale o realtà.

Il mio tempo è composto da quello che percepisco e che ricordo.

Ma perché ricordo? Per quanto ricordo?

Quant'è il tempo dove quanto ho percepito rimane in me?

E poi, cos'è la percezione?

Sono cresciuto credendo che la percezione fosse solo quella dei 5 sensi e che il mondo fosse fatto solo di materia ed energia fisica.

Sono stato abituato a pensare che le sensazioni venissero dapprima percepite e poi elaborate attraverso i filtri del cervello.

Interpretate appositamente per una rappresentazione del reale, al fine di fare le migliori scelte necessarie per la sopravvivenza.

Quanto ingenuo meccanismo in tutto questo!

Quanta grande ignoranza ed incapacità che alberga in me!

Ma non per questo motivo smetterò di scrivere ed invece continuerò a procedere a testa bassa, senza basarmi sul sapere o sulla sicurezza di quanto credo di conoscere.

Scelgo di essere libero con i miei pensieri perché voglio capire la verità, sapere la verità, su di me e su noi tutti.

Ne sento il profondo bisogno.

Ogni problema lo pongo con l'immaginazione attiva della funzione trascendente agli esseri che compongono la mia natura:

Ma dove sta il mio "sé"?

Qual è quello che può tenere valida la parte della mia identificazione?

Quanti "io" sono? E tutti hanno pari dignità?

Ma poi la soluzione è veramente "non fare nulla"?

Non prendere posizione? Non sentirsi un "io" un "sé"?

Lasciare fare al caso senza intervenire?

Il Tao del non fare nulla. Necessità di dare vita.

L'inconscio non è un magazzino ma sono tante realtà viventi.

La nostra necessità è quella di poterle vedere e sentire.

Anche per questo motivo le proiettiamo continuamente sugli altri, per dargli una forma fisica tangibile e per poterle percepire con i nostri sensi. In fondo abbiamo bisogno di vederle, di dialogare con loro, di apprezzarle o disprezzarle.

Sia l'ombra che l'anima. Che l'Animus...

Lo facciamo perché così facendo risulta più facile conoscere sé stessi.

Lo facciamo per conoscerci. Per studiarci agevolmente. Per avere risposte udibili. Immagini visibili.

Materia percepibile e concreta del nostro inconscio fatto a persona o ad animale, oppure a vegetale o a cosa... qualsiasi cosa... qualsiasi forma.

Queste scie di pensieri sono dipendenti dalla realtà, dal ricordo e dal tempo del ricordo, dove si mette in evidenza che quanto si proietta sugli altri e sul mondo è un metodo per avere un ritorno informativo su di sé e per dialogare con il nostro inconscio.

Perché dentro di noi sappiamo segretamente che siamo un tutto (persone, animali, vegetali, cose...) e che siamo uguali mentre riceviamo e trasmettiamo continuamente un substrato di realtà che consideriamo "vita".

In altre parole ogni essere vivente ed ogni cosa è un punto del tutto, che fa parte del tutto e che ha in sé il tutto, il quale costituisce la forma di energia universale comune.

In questo tutto, ognuno ha il diritto e la possibilità di accedere e donare nonché attingere conoscenze, esperienze e ricordi.

Fatta questa piccola introduzione ora elencherò di seguito, in ordine graduale, la mia visione riferita all'ipnosi regressiva alle vite precedenti:

- Gli esseri sono macchine che comunicano utilizzando qualità innate di ricezione e trasmissione, usano queste ultime per fare esperienze, per ricordare e per conoscere.

- Con l'ipnosi non ci si addormenta, non si è in una veglia razionale, non si subiscono scelte indotte da altri.

- L'ipnosi è la completa libertà del proprio essere intuitivo di esprimersi ed usare meccanismi di ricezione e trasmissione, che gli sono propri per natura. Ciò per potersi mettere in contatto agevolmente con la conoscenza universale.

- Quando si aiuta una persona ad entrare in ipnosi si utilizza una tecnica dedicata appositamente per comunicare con la sua parte intuitiva ed inconscia.

- La persona che si sottopone all'ipnosi deve essere supportata ed aiutata affinché il suo meccanismo umano dia il via libera a lasciarsi andare completamente alla propria parte intuitiva, ciò per ricevere e trasmettere ogni tipo ed ogni genere esperienze, conoscenze, ricordi.

- Tale condizione consente alla persona che è entrata in ipnosi liberamente e per sua volontà, di attingere ad una sorta di biblioteca comune a tutto l'universo.

- In questa biblioteca universale è contenuto il tutto ed è di patrimonio comune a tutti, siano essi esseri umani, alieni, animali, vegetali, oggetti e materia od energia.

- In tale biblioteca si trova ogni sorta di conoscenza, di esperienza, di ricordo, di energia, di vite vissute e da vivere.

- Nella fase di accesso alla biblioteca universale la coscienza della persona risiede in un network, dove la definizione di tempo e spazio non esistono, ma sono rappresentabili come "ogni dove" e cioè "ogni luogo" ed "ogni tempo" (passato, presente e futuro coincidenti)

- La persona, in dipendenza del proprio periodo e delle sue esigenze, sceglie in questa biblioteca omnicomprensiva la parte e le esperienze di cui ha maggiore necessità (come ad esempio l'esperienza di una vita precedente).

- La persona nei confronti di ciò che ha scelto, la identifica e la percepisce chiaramente facendo ed attraversando un'esperienza lucida ed emozionale.

- Quando poi la persona ritornerà al suo "tempo presente" ne terrà memoria mediante la sua parte razionale, che conferirà al ricordo uno standard logico di accettabilità e di interpretabilità.

- In un'esperienza di ipnosi regressiva alle vite precedenti succede sempre qualcosa di importante che è voluto dalla persona stessa e che porta a mettersi in contatto con dimensioni e consapevolezze sia del corpo che dello spirito attraverso il tutto.

Primo punto – esperienze avute durante il Master

Riportare tutte le esperienze avute durante l'intero corso base sarebbe molto lungo e forse un po' dispersivo, anche se ritengo importante non perdere il dettaglio di ogni elemento imparato.

Il mio intento sarà invece di fare una memoria di sintesi, breve e per punti, di quanto vissuto, soffermandomi con poche note laddove penso sia necessario darne più evidenza.

Metodo di insegnamento tenuto durante il Master

Durante l'intero corso è stato utilizzato un metodo graduale e comprensivo di apprendimento per generare la consapevolezza ad ognuno dei partecipanti.

La prima nota è quindi rivolta a questa gradualità di insegnamento estremamente gradita, confacente ai miei ritmi ed al mio essere, che personalmente mi ha permesso di acquisire tutti gli elementi che sono stati via via necessari nel procedere.

Inoltre il tipo di processo didattico usato mi ha reso possibile comprendere pienamente gli argomenti trattati sia sotto il profilo teorico che quello pratico, arrivando infine alla piena gestione consapevole delle esperienze fatte.

In me hanno risuonato totalmente i meccanismi innati di ricezione e trasmissione comunicativa, volti ai ricordi ed alle conoscenze.

L'abbraccio ed il contatto fisico

In questo corso si viene accolti da un abbraccio e si accoglie con un abbraccio. Questo non solo il primo giorno, ma sempre.

Abbracciare ed avere un contatto che unisce è fondamentale per poter "sentire".

Salutare con un contatto e non solo con un semplice sorriso o con un gesto a distanza è un via libera a mettere da parte ogni forma di individualità e rendersi disponibili.

Mettere in gioco il proprio corpo e stringersi fra persone che sono inizialmente sconosciute le fa sentire uguali, sullo stesso piano, le avvicina l'una all'altra, dona materialmente fiducia, affetto, amore, comprensione, intimità, unione.

Fa comprendere di essere parte della stessa materia, della stessa energia, delle medesime sensazioni, stando vicini in un tutt'uno senza provare timidezze o vergogne.

Simboleggia la propria unicità pur stando a stretto contatto con gli altri, con il tutto, con l'energia globale, con il network di una verità comune.

Vuole dire molto questo modo di fare.

In pratica significa aprirsi per ricevere e trasmettere liberamente quanto è di noi stessi, con le nostre conoscenze ed esperienze.

Scansione del corpo invisibile (secondo Paracelso - Ipnosi Energia)

Questa esperienza è volta a far sentire la componente energetica del corpo dell'altra persona senza venirne a diretto contatto, individuano intuitivamente le forme che scaturiscono dal suo corpo, con similarità evidenti ma intuitive ad altri corpi, animali od entità.

Un'esperienza per me non nuova ma molto importante.

Quando si scansiona la persona, si focalizza e si addestra la sensibilità nel ricevere informazioni in maniera oggettiva e veritiera delle vibrazioni e delle energie possedute ed emesse.

Da qui il riconoscere l'energia e l'entità che compone l'altra persona diventa importante e necessario, sia per averne rispetto che per poter entrare in contatto.

Viceversa quando si viene scansionati, conta molto sentirsi e porsi senza maschera, senza vestito, senza ruolo ma con il proprio essere vero.

Infatti questo aiuta la propria vera natura ad affiorare, galleggiando indisturbata oltre il limite del corpo.

Nel mio caso è affiorata una natura generata dal mio corpo che per metà era caldo e che per metà era freddo, così come tante volte mi accadeva quando ero ragazzo e ne avevo perso il ricordo nel tempo.

Non so ancora precisamente cosa voglia dire, evidentemente fa parte di me, ma so che è stata utile per l'esperienza sensibile di chi mi ha scansionato.

Comunque da questa esperienza si può evincere anche di non essere solamente un'unicità ma di possedere più corpi, più entità, più energie che si legano al tutto.

Che sono facenti parte del tutto.

Chiaroveggenze del passato dell'oggetto (Psicometria Ipnotica)

Ogni oggetto ha in sé l'energia di chi l'ha portato, i suoi ricordi, le sue esperienze, le sue emozioni, la sua storia.

Toccandolo e concentrandosi su di esso si può avvertire questa scia e ricostruirla.

Non è facile farlo da subito. Bisogna infatti affidarsi incondizionatamente alla prima percezione, che spalanca il campo a numerose ipotesi.

La difficoltà principale da superare è quella di non affidarsi solo alla parte razionale di questo sentire, ma dare credito e fiducia al sentire intuitivo, spirituale, per poi riportare questo sentire ad una consapevolezza che possa comunicare agli altri quanto intuito.

Ritengo sia un ottimo esercizio per lasciarsi andare e per fidarsi della propria creatività ed intuizione.

Anche in questo caso si può avvertire che un oggetto vive quanto un corpo od una pianta.

Un oggetto, una cosa, una materia che pare inanimata ha invece vita ed energia. Una forma ferma, immobile di vita ed energia, dove anch'essa è nel tutto e passa nei tempi del tutto.

I volti del passato (Ipnosi della visione)

L'immagine percepita del viso degli altri. L'immagine che facciamo percepire del nostro viso.

Saranno immagini dettate e formate dai pensieri o dai sentimenti di chi ci guarda o da come noi ci mostriamo?

Una domanda inutile, in fondo, perché ciò che si prova o che si pensa non è da razionalizzare ma solo da percepire come fosse reale.

Ciò aiuta ad assumere una forma diversa del nostro viso che può apparire agli altri, che la riconoscono per tale.

Oppure può servire a vedere, a nostra volta negli altri, ciò che si vuole scorgere.

Immagini molteplici possono essere viste nei visi delle altrui persone.

Immagini molteplici possono apparire dal mio stesso viso.

Non sono indotte dalla sola espressione assunta ma dall'essenza che alberga in ciascuno di noi e che richiama l'essere per il quale si è visti o che richiama l'essere che vorremmo vedere.

Ritengo che questa sia una fra le azioni più intuitive riferita alle memorie che fanno parte dell'intero universo.

Ipnosi del corpo
La percezione di un corpo, il distacco da questo, il galleggiare nell'aria, il salire nell'alto, il muoversi con il pensare, il tornare, l'andare, il ritornare, il viaggiare, l'esplorare, la libertà d'essere senza il peso, senza il limite, senza la circoscrizione di una forma.
Non è questo uno stato d'energia corporea che può legarsi con il tutto?
Ed esserne al contempo indipendente e diviso?
Non è forse questo un modo di ricevere e trasmettere con dimensioni materiali diverse?
Il ritorno definitivo è poi sempre nella materia del "tempo presente", di un qui ed ora che vive con regole razionali e questo solitamente genera ogni volta una sorpresa, un trauma minimo, un poco di sofferenza nel ricongiungersi alla propria presunta unità d'individuo materiale.

Musiche evocative (i 4 luoghi karmici del mondo – Ipnosi dell'udire)
Un semplice ascoltare e sentire. Un semplice ascoltare e percepire. Un semplice ascoltare e capire.
Potenza della musica e della sua leggerezza.
Potenza del niente aereo che trasforma la materia, che la scuote, la fa vibrare di sentimenti ed emozioni, di pensieri.
Che induce il peso a perdere forma e a trasformarsi, viaggiando nel volo per innalzarsi in toni d'acuto o nell'atterrare con bassi gravosi.
Ma sempre sospesi.
Sospesi qualunque sia il peso e pronti a detronizzare ogni forma di spazio.
Per dare un luogo che sia l'ogni dove, fatto e formato di pure onde che si propagano da ritmi o da melodie indotte.
Forse esiste un suono del tutto, anche se ogni musica è nel tutto ed è il tutto. Che quando percepito lascia spazio al sognare.
Il sogno, così simile al ricordo sconosciuto di un vissuto lontano.
Di vissuti lontani, antecedenti a mille morti ed a mille nascite.
A mille partenze ed a mille ritorni.
Musica come emozione che accompagna ogni addio ed ogni buongiorno.

Danza Vite passate (sciamanico, spiriti della natura – Ipnosi del movimento)
Ho sempre avuto paura del giudizio generato dagli altri al mio danzare.
In questo caso però i miei occhi erano chiusi e coperti da una fascia a mascherina.
I miei come quelli di tutti. Per una completa libertà di agire.

C'era solo il mio avvertire la musica ed il ritmo e la libertà di esprimere il corpo.

Il mio corpo libero avrebbe potuto seguire finalmente tutto quello che qualcosa al di fuori di me gli avrebbe detto, in modo incondizionato, in piena fiducia, in assoluta quiete.

In questa maniera il mio corpo si è scatenato in assoluta tranquillità.

Diventato uccello, animale, scimmia, vento, terra, albero si è mosso come loro, con loro, con il tutto.

Era armonia e verità che faceva danzare, che dava movimento e movenza.

Ero diventato quello che sentivo e che muovevo dentro e fuori di me.

Ero la pace e l'equilibrio del mio intorno, del mio ambiente, senza giudizi, senza preferenze, senza aspettative ma solo con la complicità di essere qualcosa di reale che non era realtà.

O forse lo era?

Ogni movimento un'energia, diversa… come spiegare.

Come poter spiegare la dimensione di quello che si è?

Si è… e… basta!

Ricordo solo che ero contento di quello che ero, ogni volta in forma diversa. Quante forme diverse sono stato in ogni movimento, in ogni ritmo che ho seguito?

Il tutto in quel momento avrebbe potuto darmi ogni sua forma ed io avrei accettato ognuna di esse vivendole con amore.

Questa era la mia vera emozione ed il mio sentimento.

Karma e perdono

Solo il mio puro esistere è una privazione per qualcun altro.

Che sia un genitore che sacrifica soldi e tempo al suo stesso divenire, oppure un fratello che deve dividere ciò che non può essere interamente suo.

Che sia un figlio od una figlia che non può avere abbastanza di quello che desidera.

Che sia un animale od una pianta che sacrifica la propria vita per sfamare gli esseri nell'energia del vivere.

Che sia l'acqua o l'aria che vengono sottratte alla loro armonia ed al loro luogo per altri scopi.

Che siano pietre o terreni che si calpestano e si usano trasformandoli e togliendoli la loro libertà di forma.

Che sia un tutto che di volta in volta perde il suo equilibrio precedente e deve assumerne uno nuovo.

In una legge di azione e reazione muovo e sposto la mia essenza ed il mio corpo, spostando l'essenza ed il corpo di altri e dell'ambiente tutto.

Nel mio farmi del bene faccio soffrire o faccio felici altri.

Nel mio farmi del male faccio soffrire o faccio felici altri.
Nel mio fare, nel mio vivere faccio soffrire e faccio felici altri.
Nelle mie vite tutte, gli altri fanno lo stesso con me.
Non esiste apparente giustizia che invece è equilibrio dettato dalla legge naturale del Karma.
Un'energia, un ricordo, un'azione che permane fra le esperienze di tutte le vite. Ad ognuno il suo Karma anche se è suddiviso nel tutto ed è il tutto.
Anche se è evidenza di giustizia del vivere.
Anche se è evidenza di colpa del vivere.
La giustizia è perdonare e la colpa chiede il perdono.
Io perdono e chiedo perdono.
Noi perdoniamo e chiediamo perdono.
Il tutto perdona e chiede perdono.
La legge del Karma è inesorabile e mette parità in ogni forma di vita o di materia od energia.
Il tutto perdona e deve essere perdonato.
Per il semplice fatto di essere o di non essere.

Rifugio nell'albero durante la tempesta
Immaginiamo un albero e ci rifugiamo in esso quando arriva la tempesta che tutto sconvolge e che tutto devasta.
Io immagino il salice piangente, perché da sempre avrei voluto essere lui in una mia rinascita.
Lo vedo davanti a me, apro il suo tronco come fosse una porta e vado all'interno, dietro un nodulo del tronco.
La tempesta si scatena. Io però mi sento tranquillo, so che l'albero è elastico e forte e può piegarsi a tutto senza mai spezzarsi, rimanendo sempre radicato a terra.
La tempesta finisce. Torniamo allora tutti alla nostra veglia cosciente e raccontiamo dell'albero che abbiamo voluto immaginare nel nostro sentire.
Parecchi raccontano che sono stati salici piangenti anche se volevano essere altri tipi d'albero.
Mi stupisce sapere che io ero stato l'unico a volere il salice e mi accorgo allora che avevo trasmesso il mio desiderio verso gli altri.
Un desiderio talmente forte che era stato ricevuto da chi mi era intorno, fino ad influenzare la sua scelta dell'immagine d'albero.
Ancora si ripresenta il meccanicismo di trasmissione e ricezione.
Ancora mi accorgo che siamo il tutto nel nostro network di energie mentre peschiamo dallo stesso piatto comune per cibarci di energia e di vite.
Sorrido mentre penso che durante queste esperienze può succedere che si risveglino doti extrasensoriali quali quelle telepatiche.
Questo però mi è assolutamente chiaro nella sua invadente normalità.

Il tutto pensa ed agisce con le proprietà di un corpo comune.

Come fosse un "noi" formato da miliardi di cellule, ognuna specializzata a fare qualcosa, ognuna cosciente di essere in un tutto, ognuna che può pescare da questa conoscenza comune del tutto in cui vive mentre è a stretto contatto con tutte le altre.

Un'ultima cosa vorrei raccontare, in quanto non l'ho condivisa durante il corso.

Nella mia esperienza mi sono riparato dietro un nodo del tronco dell'albero e quando poi è stato rivelato che l'albero rappresentava il ventre della propria madre al momento della nascita (la tempesta che si scatena) mi stupisco e sorrido.

Mia madre al momento della mia nascita aveva cisti ovariche sensibilmente ingrossate e fu operata poi qualche anno dopo.

Può essere che nel ricordo prenatale porto ancora quel problema che percepivo nel corpo di mia madre? Qualcosa che fu poi scoperto anni dopo? Quando esami simili alle ecografie furono inventati?

Ma ero molto tranquillo durante la tempesta, sapevo che nulla mi avrebbe smosso da dove mi ero rifugiato. La mia nascita avvenne comunque con dieci giorni di ritardo su quanto era stato previsto.

Parole chiave evocative

Bastano parole sussurrate nell'orecchio per scatenare un riflesso, un'onda nell'intimo.

Connessioni fra esperienze e parole, evocazioni particolari.

Portano immagini e flash di momenti.

Mio quello di essere investito da un'auto.

Al momento della condivisione non lo dico, ci sono altri racconti d'esperienze più forti e più lucide della mia e ne vengo attratto.

Sento che qualcosa lega queste esperienze fatte da ognuno di noi, non sono isolate e sole l'una con l'altra ma possiedono una sorta di filo conduttore.

Non saprei dire di più per questa mia percezione.

Se ne discute al di fuori del corso e capisco che non sono il solo a sentire ed a pensare questo, ma anche altri.

È sempre più forte la convinzione che ognuno di noi genera il suo contributo per smuovere il coperchio di un grande contenitore comune, appositamente per liberare il suo contenuto e farlo uscire. Fosse quasi un vaso di Pandora.

Levitazione del braccio (Ipnosi video motoria) ed altra tecnica pratica per induzione alla trance

La tecnica della levitazione era stata già stata mostrata qualche giorno prima e poi spiegata più volte e messa per iscritto a disposizione per la memoria.

Ora tocca a noi applicarla, solo per arrivare alla Trance e non oltre perché non è ancora il momento di chiedere la regressione a chi ci ascolta.

Alterniamo questa pratica ad un'altra con il nostro compagno/a.

Entrambe le pratiche vengono eseguite e portate con buon metodo, leggendo i passaggi scritti e parlando all'inconscio con voce lenta, calda, musicale.

Il rilassamento profondo viene raggiunto, la trance viene raggiunta.

Qualcuno entra automaticamente anche in un inizio di regressione.

Perché è qualcosa di naturale, di non indotto, che viene cercato e richiesto automaticamente dall'inconscio della persona quando è nel suo rilassamento profondo.

Un viaggio, un'esplorazione, un passaggio nell'altra dimensione per entrare nell'ogni dove a trovare quel qualcosa dimenticato ma già ben conosciuto.

Tecniche pratiche applicate per la trance e per la regressione alle vite precedenti
Arriva il momento tanto atteso dello scambio completo.

Quello di provare a supportare la regressione di un'altra persona, oltre al fatto che a nostra volta ci dovremo sottoporre al supporto di qualcun altro per ricevere ipnosi.

Sono momenti magici, sia nel supportare che nell'essere supportati.

Non sto a precisare nel dettaglio quello che è accaduto ma solo che l'emozione, la forte emozione provata o che ho visto provare, mi ha fatto capire che quella era verità.

Potrei dire e raccontare della dimensione in cui stavo o vedevo stare, potrei evocare nella mente razionale il ricordo di quei dettagli ma la cosa importante è averla provata ed averla vista provare.

Questo mi ha dato l'idea perfetta (fino a sentirla e riconoscerla a pelle) di cos'è il momento della regressione e della sua dimensione.

Specchio apparizioni/ Psicomanteo (Entità di luce – Ipnosi psicometrica)
La magia dello specchio è affascinante.

Ho percepito e visto di sfuggita le Entità di luce e questo mi ha rafforzato ancor di più la convinzione che il nostro ambiente è permeato da energie e dimensioni di cui abitualmente, nel quotidiano, la maggior parte di noi non ne ha conoscenza e non le considera.

Mi vengono spontaneamente alla mente quelle parole che Shakespeare fa pronunciare ad Amleto di fronte all'incredulità di Orazio e che dicono "Ci sono più cose in cielo e in terra, Orazio, di quante possa comprenderne la tua filosofia" – "There are more things in heaven and hearth, Horatio, than are dreamt of in your philosophy." (W. Shakespeare – Hamlet)

Ciò mi riempie di gioia perché lascia spazio alla consapevolezza ed all'evidenza che ci sono ancora tante cose da scoprire.

Progressione nel futuro (Ipnosi futura)

Ho avuto piccoli flash di regressione in quest'esperienza dove sono andato in trance ed ho avuto un inizio di regressione per poi addormentarmi con un sommesso russare (secondo quanto raccontano le mie colleghe).

Forse mi sono addormentato perché ero sazio delle risposte avute e tranquillo nel sapere quale era la strada che poteva condurre alla biblioteca universale e comune. O forse perché ero stanco, chi lo sa!

Di certo so che solitamente mi addormento in pubblico solo se sono tranquillo ed al sicuro.

Lingue sconosciute (Ipnosi Xenoglossia)

L'ultima breve memoria che vorrei fare in questa elencazione sintetica riguarda la Xenoglossia.

Il filmato visto mostrava evidenze sorprendenti di Xenoglossia durante una regressione avuta da una signora alle vite precedenti. La verità era provata anche da fatti e da particolari estremamente inoppugnabili.

Questa cosa non mi sorprende ma incuriosisce parecchio.

Per esperienza personale quando da giovane feci il servizio di leva, i commilitoni con i quali dormivo in camerata dicevano che parlavo di notte e spesso in lingue diverse di matrice orientale.

Mi chiedevano quali fossero e perché le sapessi ma non avevo una risposta precisa se non che non portavo memoria del mio sonno e che conoscevo solo l'Italiano e l'Inglese.

Evidenze importanti riconosciute durante il Master

Vorrei infine soffermarmi sul fatto che durante il corso ho visto emergere delle evidenze per me importanti che elenco di seguito:

- Esiste visivamente od istintivamente un percorso da seguire attraverso cui si giunge alla Trance e ad un punto di delimitazione o portale da superare per entrare nella dimensione della regressione

- C'è riconoscibilità istintiva del luogo e della dimensione una volta entrati in regressione. Compresa la luminosità e l'atmosfera

- Esiste la sicurezza che quanto si percepisce è reale, che quanto si vede è stato già vissuto, che l'emozione provata determina il riflesso vero del ricordo che si porta alla luce

- Ci si accorge che il tempo e lo spazio, già da quando si percorre la via della Trance, assumono valori diversi rispetto a quelli conosciuti nello stato della veglia cosciente

- Si capisce immediatamente che aumentano a dismisura le qualità comunicative di ricettività e di trasmissione attraverso i cinque sensi conosciuti e quelli sconosciuti (chiamati comunemente extrasensoriali) fino a collegarsi ad una sorta di network del tutto

- Si palesa istintivamente che siamo una forma di energia e con questo collegamento a network si ha la facoltà di poter attingere ad una forma del sapere ed a ricordi dimenticati quali le vite passate

- La forma di sapere a cui si attinge è un sapere comune ed è a disposizione di tutti

<u>Secondo punto – Il Calderone di Gundestrup</u>

Il Calderone di Gundestrup fu trovato nel 1981 in una palude della Danimarca (forse portato dal popolo Germano dei Cimbri) ed è un recipiente d'argento del diametro di 69 cm., alto 42 cm., che pesa circa nove chili, formato da tredici piastre con enigmatiche figure di divinità e scene religiose e risalente alla protostoria europea.
Si pensa che l'origine del manufatto fosse la Gallia od il basso Danubio, od una commistione di queste zone e popoli in quanto il manufatto per metà riporta stili e lavorazioni chiaramente dei Traci e per l'altra metà inequivocabilmente celtici.

Vorrei riportare la descrizione del "Calderone di Gundestrup" che viene fatta in un piccolo estratto dal libro *"Il Santo Graal"* di F. Cardini ed edito da Giunti:
"… In un altro pannello ancora è raffigurato un sacrificio umano al dio Teutates, nel quale la vittima viene annegata in una botte. Un'altra interpretazione vuole vedervi invece un rito religioso di altra natura, una specie di battesimo **o la rinascita di guerrieri morti mediante l'immersione nel calderone «magico»:** *secondo le leggende celtiche, in un calderone si può ottenere la moltiplicazione dei raccolti, come nel calderone dell'abbondanza di Dagda,* **o si può ottenere una conoscenza universale gustandone il contenuto.** *Tali virtù sono del resto da avvicinare a quelle delle sorgenti benefiche e anche il Graal della leggenda di re Artù non è che la rappresentazione cristianizzata* **del calderone dell'abbondanza e della conoscenza.** *Questo oggetto è un recipiente cultuale che rappresenta quindi il substrato celtico della leggenda medievale del Graal* **nonché, con le sue scene, quello che Georges Dumézil ha definito "il festino dell'immortalità"**… *(Cit. Franco Cardini, Massimo Introvigne, Marina Montesano, Il Santo Graal, Giunti*

editore, 2006)"

In altre parole il Calderone di Gunderstrup simboleggia la conoscenza universale che risuona continuamente in maniera simbolica.

D'altra parte andando a scomodare e parafrasare il buon Carl Gustav Jung, è noto il fatto che lui creda e teorizzi nell'esistenza di un inconscio collettivo e lo identifichi come una sorta di contenitore universale, dove all'interno c'è la parte comune dell'inconscio individuale.

Oltre a ciò, in questo contenitore universale sono presenti anche gli archetipi, che secondo Jung sono simboli e forme presenti in ogni popolo di ogni epoca, credo religioso e cultura.

Gli archetipi sono essenzialmente il frutto di istintività ed intuizione di un qualsiasi evento, al contrario dell'esperienza personale formata soprattutto da una conoscenza pratica.

Jung riguardo gli archetipi si esprime così: << *... al mondo effimero della nostra coscienza essi comunicano una vita psichica sconosciuta, appartenente ad un lontano passato; comunicano lo spirito dei nostri ignoti antenati, il loro modo di pensare e di sentire, il loro modo di sperimentare la vita e il mondo, gli uomini e gli dei.* **L'esistenza di questi stati arcaici costituisce presumibilmente la fonte della credenza nella reincarnazione e nella credenza di "vite anteriori** >> *(Carl Gustav Jung – 1939)*

A mio avviso il buon Carl aveva toccato con mano quel che Amleto diceva sulla quantità di cose che esistono in terra e nel cielo, superiori di gran lunga da quelle conosciute dalla allora filosofia.

Non avendo la capacità di sapere con la mia mente razionale questa grande quantità di cose o conoscenze che esistono in terra e nel cielo voglio prendere atto della loro esistenza, della mia ignoranza e se possibile attingere ad esse, con la mia parte irrazionale, nel contenitore universale o nel Calderone di Gundestrup.

Proprio per questo considero la via istintiva ed intuitiva, che viene stimolata dall'ipnosi, la miglior chiave di lettura del corso che ho fatto.

Quindi cercherò di rappresentare come segue la mia visione di quello che considero il viaggio dell'ipnosi regressiva alle vite precedenti.

<u>Quando la tecnica ipnotica mi è stata applicata:</u>

- Le parole che sentivo mi conducevano su una strada che nasceva da un punto indefinito del buio dei miei occhi per andare verso una qualche parte che non sapevo

- Ero perfettamente cosciente e lasciavo con fiducia che le parole sentite potessero condurmi ad una grande tranquillità e ad un luogo a me sconosciuto

- Arrivavo in ogni occasione ad un limite, definito da un buio, da una profondità, da un nulla, da una porta, da una sensazione di vuoto, dove la mia scelta era fermarmi, addormentarmi o proseguire

- Se oltrepassavo il limite, lo facevo in maniera automatica e mi accorgevo di averlo oltrepassato solo nel momento in cui mi ritrovavo nella nuova dimensione che si apriva alla mia coscienza

- La nuova dimensione non mi ha mai imprigionato e mi ha sempre dato l'opportunità di sentire la mia identità presente e lucida. Provavo emozioni e libertà di pensare reali.

- Se volevo, avevo la libertà di scegliere se tornare alla veglia cosciente o cambiare e scegliere diversamente un'altra porta, un altro percorso, un'altra dimensione dove esisteva un'altra delle mie realtà.

<u>Quando ho applicato la tecnica ipnotica:</u>

- anche se mantenevo la coscienza di veglia ed il controllo a quanto stava accadendo per la persona in fase di ipnosi, avvertivo che il mio corpo fungeva sempre da ricevente e da trasmettitore

- le parole e le intenzioni che pronunciavo venivano ascoltate con la giusta reattività dalla persona in ipnosi

- esisteva una sorta di empatia con la persona che si sottoponeva all'ipnosi, dove la finalità era la cura ed il rispetto di quello che stava accadendo

- In tale empatia e rispetto esisteva la scelta emozionale della non interferenza e della libertà totale della persona in ipnosi, facilitando il suo percorso e prediligendo la dolcezza e la gradualità di ogni azione o passaggio

- Per quest'ultimo motivo la sensazione provata era quella di chi sta trattando con energie primitive e veritiere ed a maggior ragione diventava istintivo attuare ogni passaggio di stato energetico nella maniera più graduale possibile

<u>In entrambe le occasioni:</u>

- Ho percepito le energie comunicative corporee di ricezione e trasmissione

- Ho sentito il graduale abbandono dei controlli tenuti da parte della mente razionale a favore della libertà della mente intuitiva/creativa. Tale libertà concessa da parte della mente razionale veniva fatta in seguito alla fiducia ed all'apertura della stessa nei confronti del compagno/a vicino/a e dell'ambiente circostante

- Ho avvertito che l'entrata in regressione avveniva nello stesso identico modo in cui solitamente si entra in una biblioteca e si sfogliano libri, trovandosi automaticamente a leggere qualcuno di essi

- La sensazione ricevuta dall'entrata in regressione veniva accolta dalla parte della mente razionale come un fatto conosciuto ed aspettato. Come se il corpo sapesse già che esisteva un luogo in cui ogni sapere ed ogni conoscenza passata, presente e futura veniva conservata. Oltremodo veniva considerato che era un fatto normale e lecito accedervi per consultare le informazioni ed i valori in esso contenuti

- Le sensazioni presenti in maniera costante erano la mancanza di percezione del tempo, la libertà spaziale e la pienezza del sapere in una libertà di azione.

Aspetti conclusivi relativi alla Tesi
L'ipnosi alle vite precedenti è un mezzo spirituale di percepire l'identità del tutto e le energie che lo compongono, riscoprendo parti di esso per riportarle alla memoria.
In altre parole è una opportunità per accedere alla conoscenza universale e meditare su quanto si apprende.
Fisicamente lascia l'emozione che nulla è immaginazione ma tutto è reale.
Ogni forma pensiero se viene pensata esiste e mediante una trasformazione energetica può assumere lo stato di materia.
A livello corporeo il viaggio nella conoscenza universale ed alle vite precedenti lascia appagamento e comprensione, consapevolezza che tutti siamo legati gli uni agli altri ed in un unico organismo inimmaginabile.
Pur mantenendo l'etica individuale e sociale del nostro tempo è più facile

comprendere che non esistono solo dicotomie (tipo il bene ed il male) dove è necessario schierarsi da una qualche parte, ma che si può accettare tutto anche se le nostre emozioni generano tsunami inverosimili dentro di noi.

L'esempio più chiaro? Nella dicotomia vita e morte è naturale amare la vita ed odiare la morte, cercare il piacere e rifiutare il dolore, gioire della nascita e addolorarsi della perdita.

Ma come pensarla se esiste un Calderone di Gundestrup, un contenitore di conoscenza universale, dove tempo e spazio coincidono assieme al sapere in un unico punto e dove nulla è mai perso e tutto può tornare alla memoria di ognuno?

Ma come pensarla di questo luogo chiamato "ogni dove" in cui possiamo accedere con l'ipnosi per portare con noi il ricordo delle nostre vite passate e dove nascita e morte sono considerate come il naturale ciclo della vita?

22

2 TESI REBIRTHING (VARESE 2023)

Indice degli argomenti

<u>PREMESSA</u>

Vorrei innanzitutto considerare come premessa che la respirazione è una funzione vitale, che ha un movimento dualistico ciclico.
Un movimento che può essere rappresentato come una forma d'onda che spazia da un valore minimo ad un valore massimo passando per un punto centrale (punto di quiete o punto di equilibrio) con una specifica lunghezza ed una specifica frequenza.

Ma prima di approcciare a questa premessa, vorrei anche fare alcuni semplici e brevi accenni ad altri punti che ritengo importanti ed essenziali quando si parla di Rebirthing.

Di seguito quindi un elenco dei punti di cui parlerò nella premessa:

1 - Definizione di movimento dualistico ciclico

2 - Movimento dualistico ciclico e concepimento

3 – Sviluppo del feto e dualistica ciclica connessa (mitosi / separazione cellulare – battito cardiaco)

4 – Accenni su alcune forme di dualismo ciclico durante la gestazione

5 – Nascita ed esperienza della forma dualistica ciclica del respiro

6 – Memoria associata al dualismo ciclico

7 – Premessa alla tesi - la funzione vitale della respirazione quale movimento di dualismo ciclico

1 – Definizione di movimento dualistico ciclico

Come movimento dualistico ciclico vorrei definire soggettivamente tutto ciò che fisicamente o chimicamente o biologicamente o spiritualmente ha in sé un movimento da un minimo verso un massimo e viceversa, da un vuoto ad un pieno e viceversa, da un intero a un doppio e viceversa, da un'andata ad un ritorno e viceversa, e che continua ciclicamente.

Di fatto è rappresentabile graficamente come un'onda, o meglio con un movimento ondulatorio ciclico, dove la lunghezza d'onda e la frequenza stabiliscono le variazioni possibili del movimento ciclico stesso.

Quindi è possibile anche considerarlo come un ritmo od una vibrazione e può corrispondere ed essere regolato con tutte le leggi della fisica o della chimica o della spiritualità cui sono soggetti i ritmi e le vibrazioni od in ogni caso i movimenti ondulatori.

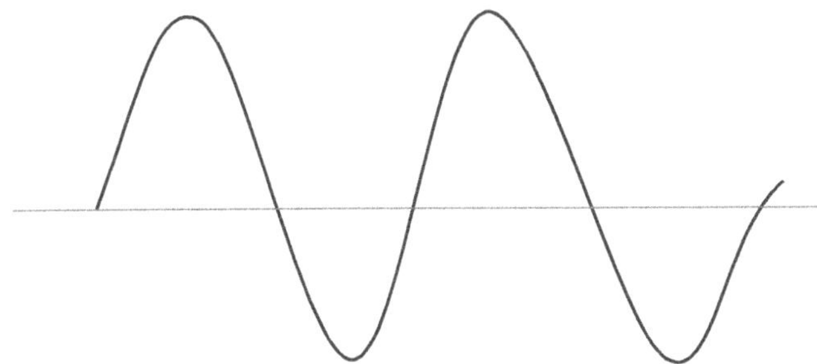

Questo concetto è infatti applicato al suono, alla luce e, non per ultimo, all'energia.

La fisica infatti, sia la classica che la quantistica, lo utilizza per poter definire e spiegare e valorizzare i fenomeni.

Il movimento dualistico è quindi identificabile molto semplicemente come ritmo, vibrazione od energia ed anche la materia, che è una forma di energia solida, rientra in questo concetto.

Quello che semplicemente voglio dire è che il tutto è un movimento dualistico ciclico.

Varie culture nel mondo e nel corso del tempo hanno approcciato a questo concetto e vorrei solo citare a titolo d'esempio che quella Cinese del Taoismo lo ha definito con le forze dello Yin e dello Yang

Non farò particolari approfondimenti di come il movimento dualistico ciclico sia comparso e sia stato oggetto di ricerca da parte di filosofie e religioni nel mondo, perché questo non è lo scopo della tesi.

Vorrei invece fare specifiche considerazioni, con i punti che seguono, sull'importanza che questo ritmo ha nei confronti della vita e della respirazione.

2 – Movimento dualistico ciclico e Concepimento

Il primo movimento dualistico ciclico che possiamo incontrare nell'atto della vita è quando avviene il concepimento, inteso come momento in cui inizia l'inseminazione vitale. Vediamolo velocemente per gradi di dettaglio, considerando infine il fatto di quanti movimenti dualistici ciclici esistono durante le varie fasi.

La prima fase, tralasciando l'attrazione e l'innamoramento (anch'esso foriero di movimenti dualistici ciclici) è perpetrata semplicemente da due sessi opposti (maschio e femmina) che nell'atto fisico della penetrazione ciclica del maschio e dall'accoglimento ciclico della femmina (primo movimento dualistico ciclico) determinano l'incontro dei gameti e cioè delle cellule necessarie alla riproduzione.
Nell'uomo i gameti sono gli spermatozoi, nelle donne sono le cellule uovo.

La fusione delle 2 cellule origina una nuova cellula, chiamata zigote, di 46 cromosomi, 23 ereditati dal gamete paterno e 23 ereditati dal gamete materno.

Questo zigote andrà poi incontro ad una lunga serie di divisioni e cioè si formeranno cellule a sé stanti che si divideranno ciclicamente più volte in due (altri movimenti dualistici ciclici)

Infatti dopo circa quattro ore dalla sua formazione, la cellula-uovo fecondata comincia a dividersi in modo continuo, andando a costituire una sorta di grappolo cellulare di forma tondeggiante, chiamato blastula.

Il destino della blastula è quello di raggiungere l'utero e qui impiantarsi nell'endometrio, in modo da poter finalmente diventare prima embrione e poi feto.

La durata temporale di circa 1-2 settimane al massimo, i processi di raggiungimento dell'utero da parte della blastula e l'impianto di quest'ultima rappresentano la fine del concepimento.

Quindi possiamo riassumere che al fine di concepire esiste un <u>atto fisico sessuale di movimento dualistico ciclico</u> (dentro – fuori – dentro – fuori - etc.) che <u>sfocia in un movimento dualistico ciclico cellulare</u> in cui si formano cellule intere (zigote – blastule) che si dividono per riformarne di intere (cellula intera – divisione – cellula intera – divisione – etc.).

3 – Sviluppo del feto e dualistica ciclica connessa (mitosi/separazione cellulare - battito cardiaco)

Lo sviluppo del feto umano è un processo della durata di circa 9 mesi fondamentali alla crescita degli organi ed al perfezionamento della morfologia del corpo umano.

Conosciuto anche come sviluppo prenatale si divide in due momenti: un primo momento, che corrisponde all'embriogenesi (in cui sarebbe più corretto parlare di embrione) e un secondo momento che corrisponde allo sviluppo fetale vero e proprio.

Senza ripercorrere tutta la genesi dello sviluppo prenatale, che diventerebbe altrimenti dispersivo ai fini della tesi, è necessario notare che nel corso del primo trimestre e specificatamente dalla 6 settimana si cominciano a formare le sedi in cui si sviluppa il cervello ed il midollo spinale, ma soprattutto si formano gli organi sensoriali e gli organi interni tra cui il cuore che si divide in due compartimenti (destro e sinistro).

Si può quindi ipotizzare che dopo la 6 settimana dal concepimento <u>il movimento dualistico ciclico che avviene nel feto non è solo quello della mitosi o divisione cellulare</u> (che serve a far accrescere l'organismo in maniera dipendente unicamente dal corpo della madre), <u>ma si instaura anche un altro movimento dualistico ciclico che è quello del battito del cuore appena formato nel feto</u>, un ritmo di addirittura 160 pulsazioni al minuto, che <u>in maniera indipendente</u> comincia a far circolare il sangue ed il nutrimento nell'organismo del feto in formazione.

È una grande conquista quella del battito di un nuovo cuore che determina <u>un movimento dualistico ciclico indipendente da quello della madre</u> per questo nuovo organismo in via di formazione.

Un ritmo sonoro, una vibrazione fisica che può essere percepita e sentita dai sensi che via via si stanno formando nel feto in questo periodo di gestazione.

4 – Cenni su alcune forme di dualismo ciclico durante la gestazione

C'è un piccolo organismo (feto) in cui <u>batte ritmicamente il cuore</u> e che <u>ritmicamente nutre e divide le sue cellule</u> per accrescere il suo organismo.

C'è una femmina che ha nel grembo questo piccolo organismo e di cui avverte la vita che <u>cresce attraverso questi ritmi</u>, attraverso questi movimenti dualistici ciclici.

Due entità in un solo spazio con lo scopo della vita, <u>ognuno con i propri ritmi</u>, con i propri movimenti dualistici ciclici, che non possono far altro che <u>accordarsi e coordinarsi sugli stessi</u>.

Così la madre in gestazione sente con i propri sensi il feto che si sviluppa con i suoi propri ritmi ed anche il feto, attraverso i propri sensi, sente i ritmi della madre che lo contiene.

Sono suoni? Vibrazioni? Apprendimenti cinestetici?

Di sicuro <u>si propagano attraverso precisi ritmi</u> che sono perlopiù fatti da sensazioni percepite internamente.

Ritmi, movimenti dualistici ciclici, che <u>formano l'esperienza e quindi memorie del sentire e del comprendere</u>, sia per il feto che per la madre.

Il feto non ha esperienza e non percepisce il mondo se non attraverso i ritmi della mamma, la sua è una dimensione di un organo interno alla pancia della mamma che sente e che cresce attraverso il battito del suo cuore ed il battito del cuore della mamma.

<u>Il suo mondo è costituito in gran parte da questi movimenti dualistici ciclici.</u>

Un'ultima realtà da considerare durante i mesi di gravidanza, che ci tornerà utile quando parleremo di respiro, è che in realtà il feto non respira durante i nove mesi di gravidanza, ma si ossigena attraverso il cordone ombelicale che collega il bambino alla placenta.

Ogni volta che la mamma inspira, il suo sangue si arricchisce di ossigeno che, attraverso la placenta arriva al feto grazie a un complicato sistema di vasi sanguigni.

Attenzione, il respiro della mamma è un movimento dualistico ciclico che nutre d'ossigeno il feto.

In altre parole il bambino feto respira dalla mamma e non ha ancora la capacità propria di questo movimento dualistico ciclico della respirazione indipendente.

5 - Nascita ed esperienza della forma dualistica ciclica del respiro

Tralasciando completamente tutti i dettagli legati alla fisiologia della gestazione dei 9 mesi e della nascita, voglio focalizzare da subito l'attenzione sul fatto che il feto, una volta divenuto organismo completo, genera segnali precisi per uscire dalla madre ed entrare nel mondo esterno.

Ciò implica sicuramente un abbandono di uno spazio condiviso e dei ritmi coordinati fra i due organismi.

A questo punto, in questo istante di abbandono dello spazio condiviso, ognuno dei due esseri (madre e figlio) hanno la propria esperienza individuale ed indipendente.

Ai fini della Tesi tralasciamo l'esperienza della madre per concentrarci su quella del piccolo organismo che nasce.

Al momento della nascita (atto esperienziale unico per ogni essere) il piccolo organismo esce ed abbandona il respiro della mamma (che avveniva con l'ossigenazione attraverso il cordone ombelicale).

Quindi di conseguenza deve fare forzatamente la sua prima esperienza e prendere la sua prima consapevolezza esterna nei confronti di sé stesso:

Si deve mettere a respirare con i propri polmoni per rendersi totalmente indipendente.

In altre parole, l'ossigeno dell'aria che gli forniva il respiro della mamma ora non c'è più ed è solo lui direttamente che deve assumerlo dal mondo esterno per poter vivere.

Un respiro che diverrà per tutta la sua vita uno dei ritmi fondamentali, assieme a quello del cuore (quest'ultimo già ben conosciuto già da quando era all'interno della mamma).

Il respiro si può quindi definire il primo movimento dualistico ciclico che viene effettuato da ogni essere umano nel mondo esterno.

La maggior parte dei neonati effettua il primo respiro entro 20 secondi dal parto e la respirazione ritmica, di solito, inizia entro 90 secondi.

Fino ai sei mesi di vita, il neonato respira solo dal naso – facendo 30/60 respiri al minuto - e fino ai tre anni la respirazione è esclusivamente diaframmatica.

Dai 3 anni fino ai 6 anni invece può essere anche toracica e dopo i 6/7 anni diventa totalmente toracica.

6 – Memorie associate ai movimenti di dualismo ciclico

Attualmente si ha la conoscenza che ogni informazione della nostra vita viene percepita in maniera cosciente od in maniera incosciente dai nostri sensi e viene memorizzata tramite la formazione di una specifica rete neuronale.

Dapprima nell'ippocampo e poi nella corteccia, dove viene definitivamente conservata.

L'ippocampo sembra essere la struttura indispensabile alla fissazione della traccia di memoria.

Tuttavia ogni informazione della nostra vita, essendo costituita di vibrazioni (movimenti di dualismo ciclico) viene percepita dai nostri sensi come una forma di energia vibrazionale (ciò anche per la materia, in quanto quest'ultima è anch'essa una forma di vibrazione) e viene fissata tramite una specifica rete neuronale che funziona con movimenti di dualismo ciclico (elettricità neuronale, impulsi, etc.) in organi del cervello che possiedono anch'essi caratteristiche funzionali di dualismo ciclico per poter svolgere le loro attività.

Oltre a questo però vorrei definire altri due altri punti che credo possano meglio definire la memoria al fine della Tesi e precisamente:

- La memoria si fissa tramite o durante movimenti di dualismo ciclico e che, sempre tramite tali movimenti, può essere risvegliata.

- La memoria non è una proprietà detenuta solo da alcune parti del cervello e risvegliabile attraverso la cosiddetta coscienza, ma è anche facente parte di ogni forma più piccola ed elementare di cui, sia noi che l'intero universo, siamo costituiti.

Mi spiegherò meglio su questo secondo punto, magari con l'esempio della memoria cellulare, in quanto le cellule nel nostro organismo sono considerate la forma organica più elementare che ci costituisce.

In altri termini le cellule sono organismi comunitari che costituisco le varie parti del nostro corpo e che in coordinamento con l'intero organismo hanno una loro autonomia.

Inoltre ognuna di esse lavora con l'energia che produce per poter sopperire alle funzioni cui è dedicata.

La teoria della memoria cellulare dice, in maniera sommaria, che le nostre cellule sembrano contenere in sé una propria memoria per quanto sono costituite e per eseguire le proprie funzioni ma, cosa molto interessante, sembrano possedere anche memoria dell'organismo che la contiene e che le ha prodotte (probabilmente per lavorare in coordinamento).

Cioè ogni nostra cellula possiede l'intera memoria di ognuno di noi (N.B. proprietà possedute anche degli ologrammi).

Questo fa presupporre che non solo l'ippocampo e la corteccia siano i "contenitori" dei ricordi, ma noi stessi ed il nostro corpo racchiudiamo la nostra storia, le nostre esperienze, gioie, dolori, emozioni provate che ci accompagnano nell'arco della nostra vita (fisicamente dal concepimento al prenatale e poi alla natalità, allo sviluppo ed all'età adulta).

Non solo le cellule del nostro corpo contengono memoria, ma anche ogni organismo, infinitamente grande od infinitamente piccolo, sulla terra e nell'universo contiene la propria memoria.

Questo dato di memoria è comunque sempre dipendente dalle interazioni dei movimenti di dualismo ciclico.

Vibrazioni o ritmi determinano una parte esperienziale per ogni evento che succede e che si fissa come forma energetica.

A tale forma energetica si può quindi attingere quando necessita (es. dare risposte o soluzioni al verificarsi di eventi similari a quello che ha determinato la memoria).

Oltre a ciò, le vibrazioni e i ritmi (movimenti di dualismo ciclico) non sono solo costituenti della materia organica, ma anche di quella inorganica.

Quindi di tutto ciò che è costituente l'universo.

Si può quindi considerare la memoria come un infinito contenitore presente nel tutto dell'universo.

Universo da intendersi nelle sue infinite dimensioni, non ultima quella temporale.

Infatti se la memoria si sviluppa anche nella dimensione del tempo, possiamo considerare che il tempo dell'intero universo (passato, presente e futuro) contiene la propria memoria.

Una memoria universale, quindi, dove non esiste temporalità ma solo conoscenza da cui ogni organismo ha la possibilità di poter attingere.

La domanda sorge spontanea: e come?

Una delle risposte è che tramite i movimenti di dualismo ciclico può essere risvegliata la memoria.

Quindi i movimenti di dualismo ciclico possono funzionare come interruttori di memoria generando ricordi e sapere.

In questo caso il Rebirthing è una fra le tecniche che vengono utilizzate.

7 – Premessa alla tesi - la funzione vitale della respirazione quale movimento di dualismo ciclico

Come dicevo all'inizio della premessa, la respirazione è una funzione vitale che ha un movimento dualistico ciclico e che può essere rappresentato come una forma d'onda che spazia da un valore minimo ad un valore massimo passando per un punto centrale (punto mediano) con una specifica lunghezza d'onda ed una specifica frequenza.

Qui sotto fornisco una rappresentazione di massima di una forma d'onda che riproduce una respirazione, con momenti di pausa a fine inspirazione e fine espirazione (onda quadra).

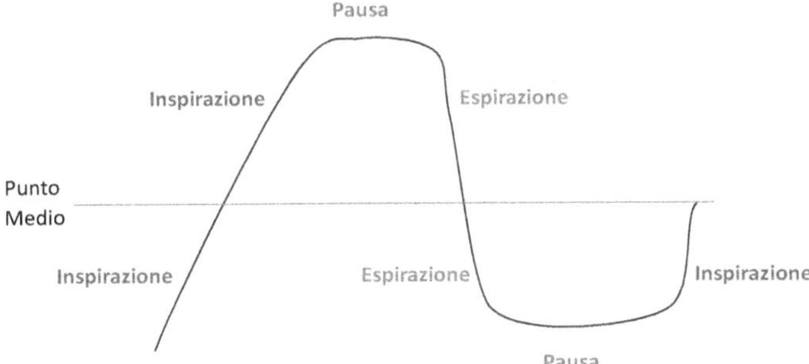

Questo è il tipo di respirazione, forse la più verosimile, che viene effettuata dalle persone.

C'è una inspirazione, un attimo di pausa e poi l'espirazione, dove alla fine c'è un attimo di pausa più lungo di quello avuto precedentemente.

Il ciclo riprende nuovamente con una inspirazione.

La respirazione passa da un punto medio, che non vuol dire il punto zero in cui i polmoni sono scarichi di aria, ma è semplicemente un punto tale da cui nell'inspirazione i polmoni devono fare maggior sforzo nell'acquisire aria e nell'espirazione devono invece fare maggior sforzo per espellere l'aria.

N.B. Valore zero di aria nei polmoni è a fine espirazione, valore massimo di aria nei polmoni è a fine inspirazione.

Naturalmente la respirazione in una vita normale dipende dai momenti in cui si vive la giornata. Inspirazione ed espirazione si alternano a pause respiratorie anche a seconda dello stato di bisogno fisico od emotivo o psicofisico che si sta vivendo.

Un esempio classico di uno stato emotivo è quello che la sospensione del respiro a momenti alternati (pausa respiratoria) può avvenire quando si vive uno stato di tensione o di attesa.

Altro esempio di stato emotivo è l'ansia in cui l'inspirazione si velocizza ed aumenta di volume rispetto all'espirazione.

Un esempio invece di uno stato fisico è quello della respirazione di un atleta che deve affrontare una gara e dosa la respirazione alternando a dovere le inspirazioni, le espirazioni e le pause per migliorare le proprie prestazioni.

Risulta evidente che la respirazione, attraverso differenti fasi di movimento dualistico ciclico, può influenzare e cambiare notevolmente le funzioni vitali dell'individuo sia a livello fisico, che a livello psichico/emotivo e sia a livello psicofisico.

Non a caso viene generalmente detto che la respirazione è tutto.

Detto questo, vorrei ora considerare la forma d'onda che si produce con il movimento di dualismo ciclico della respirazione durante il Rebirthing, cioè senza momenti di pausa fra le inspirazioni ed espirazioni.

Qui sotto è rappresentato un esempio di respirazione senza momenti di pausa.

Si tratta di una respirazione ampia, circolare e cosciente che avviene con un flusso respiratorio dolce ma profondo, completo ed ininterrotto senza pause od apnee.

- L'inspirazione è attiva, diaframmatica completa.

- L'espirazione è completamente passiva, senza che l'aria sia spinta fuori od accompagnata in quanto è il momento di maggior rilassamento muscolare.

In questo flusso non ho voluto indicare il punto mediano, ma lasciare solo una linea di demarcazione ideale fra gli atti inspiratori ed espiratori.

Infatti nella tipologia di respirazione circolare adottata, l'atto dell'espirazione assume un ruolo passivo di totale rilassamento muscolare, necessariamente conseguente alla funzione di lasciar andare lo svuotamento dei polmoni in modo naturale immediatamente dopo l'atto di inspirazione attiva.

Per misurare questo ciclo di funzione, riprodurrò qui sotto la medesima figura dando il valore 1 all'apice massimo dell'inspirazione (volontà attiva e sforzo per riempire i polmoni d'aria) ed il valore 0 al punto finale dell'espirazione (volontà passiva e rilassamento per svuotare i polmoni dall'aria), dove poi, senza pausa, l'inspirazione riprenderà il ciclo.

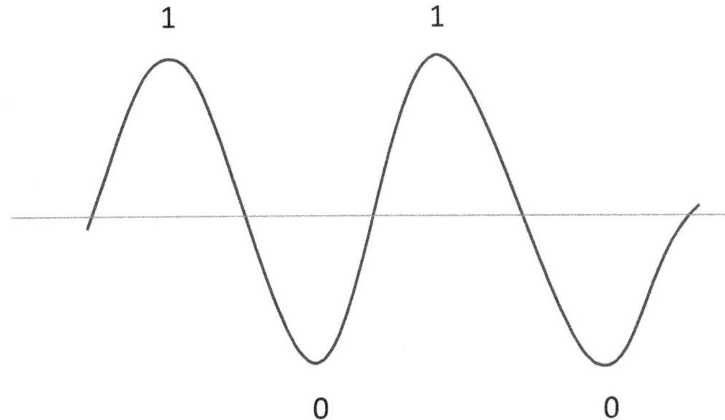

Un'alternanza quindi di 1 e 0 per rappresentare questo movimento di dualismo ciclico.

Ciò risulta importante ed interessante perché la funzione vitale di questo tipo di respirazione ciclica utilizza (più di altre respirazioni) un sistema di tipo binario estremamente semplice e decodificabile.

CODIFICA BINARIA E FUNZIONI VITALI DELL'ORGANISMO

Rasoio di Occam e finalità della Tesi

Il rasoio di Occam è un modello di pensiero del frate francescano William di Ockham (1287 – 1349) ed il principio dice testualmente *"Pluralitas non est ponenda sine necessitate. Frustra fit per plura quod potest fieri per pauciora"*

Che tradotto suona così: *Non considerare la pluralità se non è necessario. È inutile fare con più ciò che può essere fatto con meno.*

Viene definito rasoio, perché con questo principio di pensiero viene tagliato tutto l'inutile, per dare come soluzione la cosa più semplice ed ovvia.

Viene anche definito "principio della parsimonia" e suggerisce che, a parità di tutte le altre condizioni, sia sempre da preferire la spiegazione più semplice di un fenomeno o la soluzione più immediata di un problema.

Infatti organismo, psiche e spirito lavorano sempre nella direzione della maggior semplicità e comodità. Ciò che è più semplice e comodo viene utilizzato.

Questo vale anche per le imprese ed i progetti che l'essere umano finalizza.

Per quanto complicati questi possano apparire e per quante idee migliorative ed ingegneristiche possano essere applicate, questi ultimi possiedono una semplicità di intenti basilare, che si può riassumere come il fatto di evitare la fatica fisica dell'essere umano dando spazio e priorità automaticamente alla maggior comodità di vita.

Per tale ragione utilizzerò il principio del rasoio di Occam dicendo che la fatica fisica e la comodità viene raggiunta dall'essere umano solo quando qualcun altro fa il lavoro di fatica al posto suo. Questo qualcun altro deve essere il più possibile facilmente controllabile ed effettuare esattamente ciò che ci si aspetta.

Anzi, già che ci siamo, che possa effettuare molto più di quanto riesca a fare un essere umano (sia fisicamente che mentalmente).

In passato per raggiungere questo obiettivo venivano utilizzati gli schiavi, poi furono cominciate a costruire le macchine ed in prospettiva nel futuro (ormai già presente) si stanno finalizzando i robot e le intelligenze artificiali.

Comunque, tralasciando gli schiavi, dalle macchine ai robot la finalità è sempre stata quella di creare macchine dove venivano copiati e riprodotti (in modo potenziato) parti del nostro corpo e dei meccanismi fisici umani.

Non solo, avere macchine che forniscono potenzialità infinite agli esseri umani è prioritario e quindi da potenziamenti di tipo fisico si è passati a progettare macchine per potenziare funzioni di memoria, di informazione e di comunicazione.

Sto parlando dei computer e dell'informatica applicata alla vita attuale e qui mi fermerei, senza andare a toccare il tasto delle intelligenze artificiali e dei robot che sono il passo successivo.

Usando sempre il rasoio di Occam si può dire che l'uomo ha sempre tentato di creare meccanismi ed esseri a sua immagine e somiglianza.

Quindi l'essere umano si sta ricopiando e nel ricopiarsi deve necessariamente attingere, soprattutto al calcolo, memoria, informazione e comunicazione come modello del proprio organismo, ai movimenti dualistici ciclici.

Conseguentemente per ingegnerizzarli deve usare matematicamente il sistema binario.

Non sto a fare la cronistoria dei sistemi di tipo binario utilizzati da Meucci o da Morse per la comunicazione, sia a portanza d'onda che di codifiche e decodifiche sonore.

Andrò invece direttamente a parlare dell'informatica, o meglio su quanto questa disciplina si è basata per potersi sviluppare e cioè esclusivamente di un sistema binario per l'utilizzo e la gestione dell'informazione.

Ciò partendo dalla sorgente fisica di input per giungere alla comunicazione multimediale con l'utilizzo di output.

Un sistema fatto da accendi – spegni, positivo – negativo, vero – falso.

Il computer infatti utilizza semplicemente il sistema binario, ossia la codificazione numerica a due cifre: 0 e 1.

Queste due cifre sono chiamate bit ed il sistema binario è la forma più efficace per i computer per poter elaborare l'informazione.

Ciò è dato dal fatto che i circuiti elettrici possono comprendere solo due stati di tensione (ossia presenza o assenza di tensione) ed è molto più efficiente e semplice questa modalità per memorizzare ed elaborare dei dati.

Il sistema binario è un sistema numerico posizionale in base due – cioè è basato su due sole cifre, lo 0 e l'1, che possono assumere valori diversi a seconda della posizione che occupano all'interno del numero. Il vantaggio del sistema binario è la sua semplicità.

Un dispositivo informatico può essere creato da qualsiasi cosa che abbia una serie di interruttori, ognuno dei quali può alternarsi tra una posizione "on" e una posizione "off". L' alfabeto più semplice è quello costituito da soli due simboli e per un sistema automatico è il più economico ed il più affidabile.

Con opportune convenzioni si possono rappresentare anche i numeri relativi interi e frazionari, i caratteri, le immagini ed i suoni. Inoltre i calcolatori digitali trattano solo informazione codificata in forma binaria perché c'è la maggiore facilità implementativa su un supporto fisico con sostanze magnetiche, oppure con due opposte polarizzazioni, oppure con passaggio o meno di corrente, od anche con passaggio o meno di luce.

Ciò vale fisicamente anche per il passaggio o meno di vibrazioni (e tutto ciò che è esprimibile con il movimento dualistico ciclico).

Secondo il principio del rasoio di Occam potrei quindi affermare <u>che il computer e l'informatica in genere si basano sull'aver ricopiato la parte più semplice con cui il nostro organismo esprime tutti i movimenti dualistici ciclici propri, che possono essere rappresentati dal sistema binario o codice binario.</u>

Tale principio, per analogia, vale anche per l'intero universo essendo fatto della stessa energia.

Vorrei far notare che la risposta di calcolo di un computer è estremamente veloce ed anche per tale ragione il sistema posizionale binario a base 2 non costituisce un problema nella sua adozione.

Mi viene quindi da pensare che seppur l'essere umano con la propria coscienza e con il conteggio sulle sue 10 dita è estremamente lento e svantaggiato, <u>così non è invece per il suo organismo.</u>

Le nostre risposte fisiologiche che avvengono in maniera automatica, non comandate direttamente dalla nostra coscienza, hanno velocità, capacità e memorie in molti casi superiori a quelle di un computer d'ultima generazione.

Quindi noi non siamo meno di un computer quantistico in quanto abbiamo copiato delle nostre capacità per realizzarlo.

Capacità che probabilmente non sono immediatamente fruibili dalla nostra coscienza o consapevolezza.

<u>Capacità che definiamo impossibili se fatte da noi stessi ma che utilizziamo quotidianamente con le macchine che abbiamo inventato.</u>

Con questo voglio affermare che qualità di un organismo umano, quali la trasmissione del pensiero, la bilocazione, l'uscita dal corpo, trasformazioni di materia ed energia o le conoscenze omnicomprensive, che sono difficilmente spiegabili dalla scienza ufficiale, possano invece essere una diretta conseguenza della capacità perduta di usare i nostri movimenti dualistici ciclici fisiologici.

Magari si sono atrofizzate nel momento stesso che abbiamo voluto demandare questo compito a dei macchinari.

Avete mai pensato che sarebbe divertente dire che una mail od un messaggio ricevuto o mandato da uno smartphone si possa definire trasmissione del pensiero, così come le memorie di immagini, video o quant'altro utilizziamo dalla rete internet. Così come gli impulsi che un computer manda per far realizzare una stampa, anche in 3 dimensioni.

Queste qualità di calcolo, memoria, informazione e comunicazione sono già facenti parte di noi stessi e del nostro bagaglio qualitativo umano e possono essere sentite, comunicate ed espresse con ogni forma noi si voglia.

Anche diversa da quelle interpretabile dai cinque sensi.

È solo questione di risvegliare delle memorie che sono in noi e nel tutto e che abbiamo fatto assopire.

Attraverso questa mia tesi vorrei dare come ulteriore indicazione che anche la tecnica del Rebirthing sviluppa la possibilità di entrare in contatto con queste capacità dimenticate e di svegliarle, dando la facoltà ad ognuno di noi di poterle usare e godere direttamente con il nostro corpo.

Respirazione del Rebirthing – spiegazione esperienziale del movimento dualistico ciclico

L'immagine che mi viene alla mente per ogni individuo quando nasce è la sua pausa iniziale di timore o di stupore o di attenzione o di quel che ogni individuo prova appena uscito all'esterno.

Una pausa che divide l'interno dall'esterno, il dentro dal fuori, il conosciuto dallo sconosciuto, il sicuro dall'insicuro, la compagnia dalla solitudine, la dipendenza dall'autonomia.

Una pausa per capire, soprattutto di che cosa fare, di come comportarsi, di come adattarsi.

Chi breve, chi più lunga, chi in altra maniera maneggiato improvvisamente da un'ostetrica o da un'infermiera o chi anche, in passato, sculacciato sul sedere affinché scaturisse in un pianto.

Ma la fase conseguente è sempre la stessa, in ogni caso.

Si prende un respiro, un gran respiro, si aspira il mondo che in quel momento è intorno a noi, lo si mette dentro di noi, si succhia un'aria, un'energia mai provata prima.

Per la prima volta i polmoni si riempiono d'aria e questo com'è?

Doloroso? Sublime? Emozionante? Stupefacente? Improvviso? Inaspettato?

Potrei andare avanti con tutte le possibili definizioni del vocabolario e queste ultime non sarebbero abbastanza per poter definire esattamente l'emozione che ognuno di noi ha provato la prima volta mentre si riempiva i polmoni dell'aria.

Ognuno la sua, ognuno solo ed esclusivamente la sua, unica, differente da qualsiasi altra e sicuramente indefinibile.

Qualsiasi sia stata questa emozione, è stato necessario un attimo di tempo per elaborarla, anche infinitesimo oppure lungo, dove abbiamo avuto un'altra pausa che, seppur breve, ci ha poi condotti all'altra ultima azione che era necessaria al nostro organismo e cioè lasciarsi andare.

Lasciare andare l'aria che avevamo preso, non trattenerla più dentro di noi, ridarla al mondo.

Lasciare che i nostri polmoni ormai contratti nello sforzo di aver preso tutta quell'aria potessero finalmente rilassarsi e lasciarla andare via.

Ne avrebbero ancora preso dell'altra ricontraendo i muscoli opportuni ed altra di nuovo se ne sarebbe andata, dando libertà di lasciarsi nuovamente andare.

Chissà come sarà successo tutto?

Con un pianto? Con tranquillità? Con apprensione?

Cercando di trattenere il più possibile l'aria?

Cercando di aspettare il più possibile prima di prenderne ancora?

Anche qui è indefinibile ciò che è stato, solo noi lo sappiamo ed è unico per ognuno di noi come unica è la vita per ognuno di noi.

Giocoforza è che abbiamo poi continuato a respirare per poter vivere, era un atto dovuto a cui non potevamo sottrarci, respirare per vivere, un atto dovuto.

Abbiamo quindi continuato, come facciamo tutt'ora, a sforzarci nel prendere aria ed a lasciarci andare per mandarla fuori.

Abbiamo continuato in questo gioco di contrazione e rilassamento, di dovere e di libertà, di esserci e non esserci, volere e non volere, assumere e lasciare, sempre alternando in continuazione dentro di noi.

Magari all'inizio era una nuova esperienza e ci facevamo molto caso, magari era uno sforzo cui dovevamo abituarci, magari lo facevamo con più consapevolezza di quella che abbiamo ora, che siamo ormai persone vissute nella nostra capacità di respirare.

Che siamo persone ormai abituate al nostro modo di respirare.

Ma cosa ci regala il respiro?

Lo sappiamo veramente?

Ne siamo veramente consapevoli?

Ci regala solo la possibilità di prendere aria per vivere?

O qualcosa di più?

Qualcosa di correlato con il nostro modo di sentire la vita od il far emergere ricordi?

O magari qualcosa ancora di più profondo di noi stessi?

Certo è che la chimica della respirazione tra ossigeno introdotto che arricchisce l'organismo e l'anidride carbonica che viene espulsa come rifiuto, hanno una grossa parte in questo meccanismo.

Non voglio fare analisi particolari di come la ricchezza dell'ossigeno o la sua mancanza, così come la ricchezza o meno di anidride carbonica possa influenzare il nostro metabolismo, il sangue che arriva al cervello e conseguentemente la percezione di consapevolezza della nostra realtà.

No, sarebbe troppo lungo, difficile e fuorviante. Quel che accade a livello biochimico, accade e basta.

Voglio invece continuare ad usare il rasoio di Occam e ragionare sul semplice e l'immediato.

Allora l'atto di inspirare è un atto di sforzo, di inserimento/nutrimento, di contatto dell'esterno verso il nostro interno.

L'atto di espirare è l'opposto, è un atto di rilassamento, di espulsione/restituzione, del nostro interno che viene dato all'esterno.

Questi due atti vengono ripetuti per tutta la nostra esistenza e quindi sono un movimento dualistico ciclico essenziale per la nostra vita.

Ogni possibile pausa che possa intervenire fra essi sancisce un'interruzione al ciclo che permette la vita.

Se c'è una ragione di interrompere questo ciclo, anche solo per un'istante infinitesimo, questa deve essere estremamente importante e prioritaria per la sopravvivenza dell'organismo.

Per questo motivo quando avvertiamo qualcosa e dobbiamo dare una risposta con il nostro fisico, lo facciamo anche con il nostro respiro.

Le interruzioni infinitesime o le pause nel respirare, esistono già nel ciclo della respirazione e molte hanno la funzione di renderla più agevole o rilassata o coordinata con altri nostri organi interni che hanno un movimento dualistico ciclico (come ad esempio il cuore).

Molte altre possono invece esserci per focalizzare e rispondere a momenti di paura e di tensione.

Altre pause ancora servono soprattutto per fermare il nostro sentire e per poterci dare il tempo di decidere su cos'è meglio fare.

Quindi il respiro non è solo un atto di riempire i polmoni di ossigeno ma è anche un atto che ci mette in grado di sentire e di percepire la vita e soprattutto di dare risposte e funzioni.

In definitiva il respiro si mette in gioco nel nostro organismo quando diventa necessario percepire, capire e conseguentemente ricordare.

Addirittura respirare è l'interruttore fisico del nostro percepire e capire e proprio per questo motivo è, consapevolmente od inconsapevolmente, l'interruttore fisico della nostra memoria e dei nostri ricordi.

Respirare non è solo un movimento dualistico ciclico fisico ma anche un movimento dualistico ciclico psichico e spirituale.

Respirare è l'alternanza della tensione e del rilassamento:

inspirazione/ tensione,

rilassamento/espirazione.

inspirazione/polo positivo,

espirazione/polo negativo.

Mi viene istintivo pensare a cosa succede quando nella respirazione tolgo le possibili pause, anche se infinitesime, tra inspirazione ed espirazione.

Lo faccio volutamente e lo mantengo nel tempo.

Quando il respirare diventa un fluire continuo ed ininterrotto fra i due poli opposti senza dare interruzioni alcune, permettendo al respiro di essere la parte principale e predominante di tutto l'organismo, di essere la priorità senza restrizioni, per nutrire incondizionatamente di vita il corpo, la psiche e lo spirito.

Mi viene istintivo pensare che questa circolarità che assume il respiro, propria della tecnica del Rebirthing, diventi il modello più vicino a quel movimento dualistico ciclico che permea l'intero universo e che può permettere a noi stessi di viverci dentro e soprattutto di richiamare le memorie ed i ricordi, qualunque essi siano.

A questo punto è giusto notare che la nostra memoria, sia mentale che cellulare, è un'acquisizione tenuta nel tempo che può essere utilizzata quando necessario, portandola alla coscienza come ricordo.

La respirazione fa parte del gioco perché diventa, al momento della natalità, il primo interruttore di consapevolezza dell'autonomia corporea e quindi in età adulta, se ben usata ed azionata nella giusta maniera, può fungere sempre da interruttore per far accendere e spegnere ogni memoria in forma di ricordo alla stessa consapevolezza.

Come avevo accennato nella premessa, la memoria non è da intendersi solo con una connotazione unica per ogni persona ma ha valenza anche per l'intero universo (fissazione della memoria per ogni tipo di movimento dualistico ciclico).

<u>Questo significa che la respirazione quando usata come interruttore, può far accendere (emergere) non solo ricordi nostri ma addirittura ricordi universali che ci servono in quel momento per sopperire il nostro bisogno.</u>

Nel Rebirthing questo bisogno è rivolto soprattutto alla scoperta di noi stessi e conseguentemente alla nostra rinascita armonica libera da traumi.

Per questo motivo nel Rebirthing la respirazione viene usata come interruttore per riaccendere movimenti dualistici ciclici propri del periodo prenatale e delle fasi della natalità.

Tuttavia nel momento della nostra prenatalità e natalità i legami della nostra consapevolezza erano maggiori con i movimenti dualistici ciclici dell'intero universo (memorie cellulari, memorie organiche ed inorganiche) piuttosto che con il nostro ego e la nostra unità fisica.

Ragion per cui anche nel Rebirthing, azionando l'interruttore della respirazione circolare, possono emergere ricordi e consapevolezze di memorie universali.

Da questo, la nostra nascita, o rinascita che andremmo a percepire con il Rebirthing potrebbe non essere solo nostra ma appartenere anche ad altre parti dell'universo.

Ciò rende questa tecnica oltremodo potente.

<u>REBIRTHER</u>

Le persone quando si sottopongono alle sedute di Rebirthing, hanno solitamente aspettative proprie su temi disparati.

Esiste però il comune denominatore per tutti di voler fare un'esperienza che faccia star bene e sia risolutiva.

Per questo motivo il tema, il processo e le modalità tecniche del Rebirthing devono essere spiegate con chiarezza da parte del Rebirther (inteso come la persona che accompagna e che vigila sulla persona durante tutta la seduta) alla persona che approccia.

Il Rebirther è una figura di riferimento e di affidamento e per tale motivo deve possedere affidabilità ed idee chiare sull'intero processo, ma più che altro deve avere la completa fiducia della persona che farà la seduta.

Tale fiducia è molto importante perché permette alla persona durante la seduta di lasciarsi andare totalmente al proprio respiro ed alle proprie esperienze e nel caso seguire con facilità le indicazioni che il Rebirther darà durante l'esperienza.

Per tale motivo il Rebirther è tenuto ad instaurare una relazione il più possibile chiara, onesta, di stima e fiducia, con la persona che si sottopone alla seduta.

Il Rebirther deve spiegare come avviene la tecnica, i possibili aiuti che potrà dare durante la seduta e le modalità, deve inoltre chiedere anticipatamente il permesso di poter toccare la persona durante la seduta, ma soprattutto deve essere capace di finalizzare un patto con la persona, la quale ha delle aspettative ben precise.

Il colloquio iniziale prima della seduta è fondamentale anche per questi motivi.

Infatti è necessario che durante il colloquio iniziale le aspettative vengano dette e spiegate da parte della persona e si individui l'emozione che porta ad esse o che sia insita in esse.

Prima di far sdraiare la persona per cominciare l'esperienza, il Rebirther deve assicurarsi che questa sia rilassata e perfettamente centrata sia a livello psichico che spirituale.

Questo viene fatto dal Rebirther sottoponendo una prima fase di rilassamento e facendo emergere alla persona l'emozione o lo stato d'animo, o la finalità su cui si lavorerà durante la seduta. Quando sarà pronta si farà poi sdraiare in posizione comoda e supina per iniziare.

Nella tecnica del Rebirthing, come prima fase dovrà essere raggiunta dalla persona una respirazione circolare profonda e senza pause dove l'inspirazione avvenga consapevolmente e l'espirazione avvenga come rilassamento conseguente all'aver inspirato.

Non devono esistere particolari forzature, se non la volontà di mantenere l'inspirazione con una frequenza costante e non fare alcuna pausa durante tutto il respiro.

La consequenzialità del ciclo respiratorio è un dovere che ha necessità di essere mantenuto per tutta la seduta.

Il Rebirther per far giungere ad un buon stato di respirazione la persona, la farà cominciare chiedendogli di chiudere gli occhi e di respirare in maniera circolare in modo lento e profondo.

Si può iniziare chiedendo di respirare a bocca aperta (è consigliabile) ed il Rebirther potrà dare il ritmo respiratorio alla persona facendolo sentire nel suo orecchio.

La persona quindi per imitazione terrà il ritmo.

Quando il ritmo sarà poi mantenuto in maniera facile e spontanea dalla persona, allora il Rebirther potrà cessare di fornire il proprio suono del respiro e lasciare che la persona continui in maniera completamente autonoma.

È necessario però che il Rebirther vigili sulla persona, anche per casi di possibile tetania prolungata e che nel caso la riconduca durante l'esperienza.

In altre parole la persona non deve essere mai abbandonata dal Rebirther sia nel caso che non mantenga il ritmo respiratorio circolare e sia nel caso che entri in esperienze particolarmente forti e potenti, o comunque in tutti i casi necessari.

Agli effetti pratici il Rebirther deve essere sempre in grado di capire lo stadio cui si trova la persona durante la respirazione e l'esperienza interiore e condurlo preferibilmente verso quanto pattuito in precedenza, tenendo presente che potrebbe sorgere ed essere raggiunta anche un'altra finalità rispetto a quella pattuita di base.

Di fatto l'imperativo che il Rebirther deve tenere è di aiutare la persona se e quando necessario, dando la maggior libertà possibile di far provare l'esperienza in completa autonomia e nello stesso momento capire lo stato in cui la persona stessa si trova.

Una seduta mediamente si sviluppa in 30 – 40 minuti ma il Rebirther si accorgerà del momento in cui la persona ha necessità di essere riportato ad una condizione di fine esperienza.

Per attuare questo, il Rebirther farà gradualmente respirare la persona in maniera circolare tramite le narici e non più a bocca aperta e nel contempo la farà accomodare, sempre da sdraiata, su di un fianco in posizione fetale.

Qui la lascerà tranquilla per concludere con i suoi tempi la propria esperienza.

(N.B. è utile avere a portata di mano una coperta durante la seduta, in modo che la persona possa essere coperta con cura quando necessario, specialmente nel momento in cui si adagia sul fianco).

Si lascerà che la persona si svegli pian piano e nel caso gli si richiederà di aprire gli occhi e di mettersi seduta con i propri tempi ed in maniera calma.

È utile alla fine di ogni seduta, senza forzature, portare a termine il dialogo che si era cominciato all'inizio facendosi dare dalla persona i feed back di quanto vissuto e provato durante l'esperienza. Questo però verrà trattato come capitolo a sé stante più avanti nella Tesi.

ESPERIENZA DEL REBIRTHING

Per dare maggior chiarezza ed aiuto agli aspetti della vigilanza del Rebirther e dell'interpretazione di quest'ultimo su la persona stia provando, voglio di seguito parlare delle dimensioni che vengono vissute durante il Rebirthing.

Ogni Rebirther è sicuramente una persona che sa respirare e fare esperienze di rebirthing, quindi non parlerò di nulla di nuovo.

Tuttavia parlerò di queste dimensioni e di accenni delle esperienze che ho fatto in prima persona in vari Rebirthing.

Tali storie esperienziali pratiche non saranno esposte come a sé stanti ma come un commentario diretto delle situazioni avute durante l'esperienza.

Dimensione materiale e cinque sensi

Ho appena finito di rilassarmi, dopo aver parlato dei miei problemi e delle mie emozioni con le quali mi viene chiesto di accomodarmi e stendermi su un materassino.

Sopra di me una copertina, ma ho caldo, non la voglio, la scosto.

C'è penombra ed i miei occhi sono chiusi, la mia schiena aderisce al suolo, le mie orecchie avvertono il silenzio e sento profumo di aria pulita che mentre respiro gusto con l'interno della mia bocca.

Sono qui sdraiato e disponibile all'esperienza. Non so di preciso cosa potrà mai accadere ma questo non mi impensierisce, anzi, mi incuriosisce poter esplorare e provare.

Intanto i miei occhi sono chiusi e vedono il buio nero e vuoto mentre qualcuno dice all'orecchio di rilassarmi e di respirare con calma e lentamente e di non lasciare pause fra un respiro e l'altro.

Devo inspirare e subito lasciar andare il respiro, automaticamente, senza pensare, senza forzare. Mentre il respiro è stato esalato mi chiede di inspirare ancora, senza dare pausa, di nuovo.

Respiro tra il naso e la bocca e mi viene chiesto di aprire di più la bocca e di respirare solo da essa. Devo respirare profondo, circolare, continuo, senza pause, solo inspirare ed espirare, inspirare ed espirare, inspirare ed espirare, di continuo, senza alcuna pausa.

Io eseguo, l'aria mi secca la bocca e la gola, ma io continuo.

L'aria mi entra nei polmoni e subito ne esce per poi rientrarvi nuovamente e poi riuscirne. All'orecchio non capisco se il rumore che sento è quello del mio respirare o quello di qualcuno che mi invita a seguire il suo ritmo.

Io non mi pongo il problema. Ma ci sto. Seguo il rumore di questo respirare, qualunque esso sia, da qualsiasi parte provenga.

Lo seguo con il mio udito mentre lo eseguo con la mia bocca aperta ed i miei polmoni.

Mentre i miei occhi sono chiusi ed avvertono improvvisi lampi di luce quando l'aria entra e vedono il buio totale quando esce.

Proseguo senza domandarmi perché, ma solo eseguendo, ora con più fatica.

Mi vien voglia di rallentare e di prendere qualche pausa per rilassarmi, ma non posso, la mia volontà tende ad addormentarsi, ma non posso, i miei occhi chiusi pretendono il sonno, ma non posso.

Posso solo seguire il respiro che c'è nelle mie orecchie, continuo, senza pause, deciso mentre inalo, rilassato mentre esalo.

Prima sentivo pizzicori alla pelle ma ora non più.

Sono concentrato in questo respiro senza fine, senza pause, senza concessioni, incessante, infinito, sento solo lui nelle mie orecchie.

Ora sono cosciente che il suono prodotto è solo il mio e di nessun altro. Mi sento stranamente potente in questo suono che si propaga dentro e fuori di me in questa dimensione della materia.

Il mio corpo non avverte più nulla, non c'è freddo o caldo, ne luce e nessun gusto nella mia bocca, solo aria che secca la bocca e la gola, ma non sento neanche questa secchezza, non sento altro suono se non quello del mio respiro che risuona nelle mie orecchie e nella mia gola ed ho fame di lui.

Una gran fame di questo suono e di questo respiro sonoro.

Un gran bisogno che l'aria entri a fiotti dentro di me e ne esca improvvisa.

Le mie respirazioni aumentano, di frequenza e di intensità e mi stanno prendendo per mano.

Non ho più bisogno di essere cosciente di loro.

Vivono da sole, vivono sole, mentre io vengo preso per mano e accompagnato dove questa dimensione materiale non ha più senso.

Energia

Un formicolio scorre dalla mia pancia e attraversa i polmoni per irradiarsi alle braccia, alla gola e alla testa e poi si concentra, diventa denso, materiale, caldo, palpabile.

Ora è intorno ai miei polsi e mi fa aprire le mani.

Ora è nella mia gola e mi fa aprire ancora di più la bocca.

Ora è in mezzo ai miei occhi e loro si aprono anche se li tengo chiusi.

Un formicolio forte, potente che fa parte del mio corpo ma che non avverto quando sono nella dimensione dei cinque sensi.

L'energia scorre dentro e fuori di me ed io so avvertirla.

Cinestesia

Respiro e so dove sono.

Inspiro e sento il mondo che si contrae espandendomi.

Espiro ed avverto che tutto si lascia andare.

Mi riempio di potenza e lascio andare tutto quello che non serve.

Lascio andare tutto. Nulla serve, se non riempirmi nuovamente del mondo che sento e che gira intorno.

Mi riempio dell'aria che sta ovunque e poi la lascio.

Libera. Come me, come tutto, come ogni cosa che sta qui intorno.

Non ho bisogno di sentire con le orecchie o di vedere con gli occhi per capire.

Non ho bisogno di toccare, odorare, gustare per decidere ciò che sento evidente nel mio intorno. Non serve che io guardi per vedere ciò che accade.

Tempo

Strano quando ho cominciato a respirare. Sdraiato su un tappetino.

Ma quando è stato? Non so neppure se sono ancora lì.

Non ho età per questo. Respiro e scandisco e solo questo importa e non importa per quanto o per quando.

Respiro a voce alta e lascio andare ogni dimensione al suo procedere.

Non mi interesso di loro e della loro eternità. Le lascio andare con pezzi di me, con attimi fuggiti e con istanti ritornati. Ma non so dove stiano ubicate e neppure quando.

Forse hanno iniziato in quel momento in cui c'ero, oppure non c'ero.

O forse non è stato neanche in quel momento ma in un altro.

Memorie e Ricordi

Mi è bastato respirare e mi sono perso fra le sensazioni e le immagini che a fiotti entrano nella mia mente e ne escono mentre l'aria esce.

Non so da dove arrivano. Alcune forse sono mie mentre si perdono in un caleidoscopio di colori e di altre forme.

Non le posso vedere e distinguere chiaramente, ma le posso sentire, mentre si avvicinano, mentre sbocciano uscendo dal loro rifugio per poi scappare intorno nell'aria.

Le avverto e mi spingono a ridere o mi rattristano fino alle lacrime, anche se non distinguo più se sono mie o no.

Ma questo poco importa. Loro sono ed esistono ed escono fuori allo scoperto, pronte per far capire, per aiutare.

Poco importa se uno è il ricordo del fango o della terra ed un altro è la memoria di una pietra o di un animale.

Loro sono arrivate nel respiro perché ne avevo bisogno e dovevo sentire, dovevo capire, dovevo provare.

Portale di passaggio

Non è più definito nulla se non un momento di calma mentre il mio respiro è sempre più forte e potente, sempre più forte e circolare, sempre più potente e quasi urlato.

So che adesso posso.

Mi sono concesso di essere al limite e di decidere se varcare o meno quel limite che la testa mi impone.

Non è poi così difficile, basta fidarsi e scegliere di continuare. Ormai mi sono abituato a continuare in questo respiro e l'emozione è più grande di quelle che provo solo con i sensi.

Passare è una fortuna che mi concedo per essere finalmente ciò che sono realmente.

Senza sapere cosa troverò al di là, questa volta, così come ogni volta, qualcosa di diverso.

Inesplorato

Indefinibile la dimensione. Indefinibile il ricordare.

Senza dimensione ogni suono ed ogni colore ed il tempo è solo un accessorio di qualcosa di molto più grande ed infinito.

Sono nell'infinito e me ne accorgo. Sono parte di esso e sono lui, in prima persona.

Guardo lui e vedo me. Guardo il tempo e vedo ogni mio movimento.

Ma non ho corpo, sono solo un fluire di colori che si mischiano fra loro assieme alle luci, a tante luci. Io sono questo e non ho più neanche un io.

Sono il tutto e sono nel tutto perché ogni cosa comprendo e capisco.

Ogni mia azione passata o presente o futura non ha grande importanza, non ha grande valore, sono solo azioni, moti, movimenti che fanno parte di un tutto che fluisce continuo.

Dove nessuno ha colpe, dove nessuno ha ragioni, dove nessuno è nel giusto e nessuno è nello sbagliato. Semplicemente è.

Ognuno è il tutto ed io sono il tutto, noi siamo il tutto, voi, loro, tu lui, lei, sono il tutto.

I pronomi sono solo un gioco, non c'è grammatica o matematica o logica che tenga e che possa spiegare cosa si è nell'inesplorato.

Non c'è logica che possa restituirla come ricordo tangibile al mondo materiale della dimensione dove alberghiamo con i nostri corpi.

Rimangono solo sensazioni, emozioni, lambi di immagini e di suoni e la consapevolezza dello star bene, della verità e, questo è tutto.

RELAZIONE CON IL REBIRTHER E FEED BACK

Di estrema importanza è la relazione che la persona deve necessariamente avere con il proprio Rebirther.

Come si è visto con l'esempio dell'esperienza precedentemente citata, questa risulta essere un viaggio che conduce in luoghi importanti od in memorie forti, potentemente emozionali, a volte inspiegabili ed a volte risolutive.

In ogni caso ogni volta è un viaggio importante verso l'inesplorato, che ogni persona fa e che per lei è un fatto unico e grandioso dove può esserci anche la forte necessità di volerne parlare e condividerla.

Anche in questo caso il Rebirther non deve forzare nulla per avere il feed back da parte della persona di quanto accaduto, o meglio, anche in questo caso il Rebirther deve essere in grado di capire la persona e la sua disposizione d'animo.

Attenzione perché non solo ogni persona dopo questa esperienza può avere esperienze diverse nel voler condividere o meno ciò che ha vissuto e l'esperienza che ha fatto, ma anche la stessa persona in sedute differenti potrebbe avere voglia e desideri diversi in merito alla condivisione ed al racconto.

Certo è che il Rebirther se troverà spiragli affinché la persona si apra con un feed back, sicuramente aumenterà l'efficacia della stessa seduta perché offrirà la possibilità alla persona di rendersi maggiormente consapevole e fissare nella memoria la propria esperienza, nonché analizzarla senza essere in solitudine.

Parlare infatti aiuta a finalizzare ed è senz'altro di grande valore a fine seduta.

Io utilizzo il termine, in questo caso di "vuotare il sacco".
Parlare con il Rebirther di quanto vissuto è per la persona poter raggiungere una verità indiscussa ed evidente, tanto di non averne vergogna né timore ma anzi, di voler ricercare in essa una soluzione di continuità sul percorso intrapreso.
Mi permetto di evidenziare in questa Tesi due semplici aspetti fondamentali legati alla fine di ogni seduta di rebirthing:

- Il primo: il Rebirther non deve far nulla per forzare o per invadere l'esperienza fatta dalla persona, ma deve essere capace di poterla stimolare a parlare e raccontare.

- Il secondo: il racconto dell'esperienza oltre che avere in sé la possibilità di fissare la memoria e rassicurare la persona sull'esperienza fatta, è fondamentale per dare completezza e senso all'esperienza fatta.

Certo è che la persona in ogni caso porterà con sé da ogni esperienza uno strascico. Porterà con sé domande e necessità di risposte e sicuramente necessità di ulteriori esperienze per definire meglio il suo percorso intrapreso.

Ultima cosa che il Rebirther deve essere in grado di fare e di donare è dare la certezza della propria disponibilità ad esserci per ulteriori sedute o per consigliare in merito.

ASPETTI CONCLUSIVI

Nella Tesi sono stati toccati punti ed argomenti che magari non hanno avuto l'approfondimento che ci si aspettava.
Ognuno dei quali però è servito come un gradino per poter salire e discendere verso i luoghi del rebirthing.
Infatti è per questo motivo che non hanno avuto l'approfondimento dovuto.
Perché altrimenti al posto di fare da gradini, ognuno avrebbe fatto da tema fondamentale facendo fermare il cammino intrapreso di un gradino verso l'altro.
Le domande tuttavia sorgono lecite.
Va bene, ci sono stati gradini dove si è saliti e si è discesi e si è risaliti e poi ridiscesi, ma dove ci hanno portato queste scale?
A che punto siamo?
Dove siamo arrivati facendo queste scale?

Risposte di ogni genere potrebbero apparire lecite anch'esse, però quella che più mi piace ha a che fare con il mio spirito ed è una cosa in cui credo.

Cioè quella della meta di un viaggio e che suona pressappoco come segue.

Qualsiasi cosa che faccio per intraprendere un viaggio, che sia un cammino, o guidare un mezzo, o farmi portare da un mezzo di trasporto, mi sposto da un punto A ad un punto B.

Da un punto di partenza ad un punto di arrivo.

Ma il punto di arrivo è la mia meta?

Forse sì o forse no.

Potrebbe essere la mia meta transitoria o magari quella che io credo definitiva.

Però poi nel corso del tempo (in questa bellissima dimensione) mi accadrà sicuramente di dovermi spostare dal punto B per andare al punto C e poi ancora dal punto C ad un punto D e così via per tutta l'esistenza.

Spostarmi continuamente da un punto all'altro viaggiando.

Non importa il tempo di stazionamento che trascorro in ogni punto, in ogni luogo, o dove i punti ed i luoghi potrebbero essere infiniti e magari sempre nuovi o gli stessi, o ripercorsi.

L'importante per me è quello che imparo ad ogni punto, sono le emozioni che sento ad ogni stazionamento, sono le impressioni che provo e l'esperienza che faccio in ogni luogo che mi fa capire qualcosa di più, qualcosa di nuovo, qualcosa di inesplorato.

Mi accorgo allora che la mia meta finale non sta nei punti o nei luoghi che raggiungo di volta in volta, ma sta nel percorso, sta nel viaggio stesso, sta nel cammino o nella guida del mezzo o nell'essere portato da un mezzo e dall'esperienza, dall'emozione, dal senso che provo durante tutti i tragitti.

Forse perché ogni volta sono esperienze uniche e nell'unicità del vivere e dell'esistere risiede la meta ed il valore più bello e più grande.

Quindi nei miei aspetti conclusivi di questa Tesi chiedo scusa se non ho dato un taglio prettamente tecnico o leggibile secondo la logica occidentale, dando delle grandi risposte se non quella di aver sentito un grande piacere e libertà nell'averla scritta e presentata così com'è e come ho fatto per tutta la sua stesura.

Cioè con semplicità d'intenti frammisti fra scienza, poesia, emozione e libertà d'espressione.

Gli aspetti conclusivi sono però insiti nel viaggio della lettura che porta da un inizio ad una fine della Tesi ma non ad una risposta conclusiva.

Ma solo ad un viaggio.

La meta di questa Tesi è infatti viaggiare fra le idee e le sensazioni, nonché le esperienze che il rebirthing produce, sia alle persone che fanno l'esperienza che ai Rebirther che l'accompagnano.

Oltre a ciò il piacere di aver scoperto nella mia esperienza la grande importanza di ogni movimento dualistico ciclico che pervade l'intero universo e con il quale abbiamo la facoltà di pensare, ideare, inventare e creare a nostra volta materia ed energia.

Un altro grosso piacere è quello di aver scoperto e realizzato dentro di me che il rebirthing è una tecnica che può fungere da interruttore, per accendere le nostre memorie individuali perse nel tempo e nel corpo.

Da quando quest'ultimo è stato concepito ed ha cominciato a formarsi, a quanto c'è stato prima di tutto questo ed a quanto c'è dopo di tutto questo, nel futuro.

Tutto legato e collegato ad ogni forma di energia e materia dell'universo in cui viviamo e che siamo.

Sono forme di scoperte e di piaceri che ho avuto interiormente ed ho voluto condividerle in questo scritto.

Spero che possano essere capite nella loro forma più semplice, perché questa sarebbe la mia più grande gioia ed il mio più grande piacere.

Due Tesi Due Universi

INFORMAZIONI SULL'AUTORE

Massimo Rigamonti nasce a Milano nel 1958.
Coltiva l'amore per la letteratura e la scrittura fin da ragazzo ed infatti sviluppa il canale comunicativo ed artistico della poesia, che elaborato nel tempo giungerà alla scrittura di racconti e romanzi.
Nel corso della sua vita, oltre ad aver ricoperto le funzioni di Manager per varie multinazionali, studia filosofie e tecniche non tradizionali.
Non per ultime quelle dell'Ipnologia e del Rebirthing, i cui temi sono trattati in questo libro.
Spesso utilizza lo pseudonimo di **MassimoR** e nel corso del tempo ha scritto romanzi e poesie pubblicati.
Inoltre ha composto opere e racconti inediti su siti web dedicati, partecipando a vari concorsi letterari con edizioni antologiche.

I libri pubblicati sono i seguenti:

- <u>Da un punto all'altro del cerchio</u> (2018) edizione Booksprint.

- <u>I sogni di Giulia – ovvero le vie dei sogni</u> (2018) edizione KDP Amazon.

- <u>Anywhere in the loop</u> (2018) edizione KDP Amazon

- <u>Sampi Shei Phi (2019)</u> edizione KDP Amazon

- <u>Da un punto all'altro del cerchio (seconda edizione)</u> (2022) edizione KDP Amazon

- <u>Due Tesi Due Universi</u> (2023) edizione KDP

Attualmente vive sulle colline del Lago Maggiore impegnato nelle attività di ipnologo e rebither come Tutor, nonché come assistente formatore alla Past Life Regression School ed alla European Rebirthing School.

Due Tesi Due Universi

Edizione Luglio 2023
MassimoR Auto pubblicazione

www.ingramcontent.com/pod-product-compliance
Lightning Source LLC
Chambersburg PA
CBHW060213260726

48658CB00005BA/2021